Los colores de la montaña

Alles Digitale zu diesem Buch kann auf der Lernplattform **allango** von Ernst Klett Sprachen abgerufen werden. So geht's:

QR-Code scannen oder **www.allango.net** aufrufen | Buchtitel oder ISBN in der Suche eingeben und auf das Buchcover klicken | Zum Inhalt navigieren, direkt abrufen oder speichern

Dieses Symbol bedeutet, dass zu einem Buch-Abschnitt ein digitaler Inhalt verfügbar ist.

Carlos César Arbeláez

Los colores de la montaña

**Annotationen
von Ina Muñoz**

Ernst Klett Sprachen
Stuttgart

1. Auflage 1 5 4 3 2 1 | 2026 25 24

Título original: Los colores de la montaña (screenplay and film) by Carlos César Arbeláez

www.klett-sprachen.de
www.lektueren.com

Worterklärungen von Ina Muñoz

Redaktion: Simone Roth
Layoutkonzeption: Elmar Feuerbach
Gestaltung und Satz: Satzkasten, Stuttgart
Umschlaggestaltung: Andreas Drabarek
Titelbild: El Bus Producciones / diseño José Fernando Benítez
Bild S. 116 Carlos César Arbeláez;
Bild S. 117 AFP Gruppe Deutschland (ULF ANDERSEN / Aurimages via AFP), Berlin
Druck und Bindung: Plump Druck & Medien GmbH, Rolandsecker Weg 33, 53619 Rheinbreitbach

ISBN 978-3-12-535856-0

Índice

Zugang zu den Filmsequenzen

Die Filmsequenzen können online gestreamt werden (siehe Seite 1). Dazu bitte den Code **iU7bp5A9** eingeben.

Carlos César Arbeláez

Los colores de la montaña

1. EXT. CAMPO VEREDA "LA PRADERA" – DIA

MANUEL (9), delgado, pelo castaño, ojos grandes y brillantes de color miel, vestido de saco gris, pantalón de dril y botas, corre a través del campo. Carga una vieja pelota de plástica, en una de sus manos.

2. EXT. CASA JULIAN – DIA

Manuel llega hasta el frente de una casa de paredes de cal y puerta de madera despintada. Un caballo azabache está amarrado afuera.

MANUEL
(gritando)
¡Julián! ¡Julián!

Nadie contesta. Se acerca y toca la puerta. Una NIÑA (7), recién bañada y vestida, abre. Chupa leche condensada de un tarrito mientras habla. Al fondo vemos una TV, donde vemos un partido de fútbol.

MANUEL
¿Julián está?

La niña mira a Manuel con la pelota de plástico en la mano.

HERMANA JULIAN
¿Para dónde van?

Con disimulo, Manuel esconde la pelota por la espalda.

MANUEL
¿Sí está? Es que lo necesito...

HERMANA JULIAN
Él no le ha pedido permiso a mi papá...

1 **EXT.** exterior – 1 **la pradera** die Wiese, Weide, Prärie, das Grasland *aquí:* Eigenname eines Landstücks außerhalb von Medellín – 2 **los ojos brillantes de color miel** strahlende, honigfarbene Augen – 3 **el saco** *AmS* das Sakko – 3 **el dril** der Drillich (Stoffgemisch aus drei verschiedenen Materialien, sehr strapazierfähig) – 8 **despintado** verblichen, ausgewaschen – 8 **azabache** = negro oscuro – 8 **amarrado** festgezurrt, *aquí:* angebunden – 13 **el tarrito** *AmS* kleine Konservendose – 20 **para dónde** *AmS* a dónde – 21 **con disimulo** heimlich

MANUEL
Es que... vamos a hacer un mandado.

JULIAN (12), moreno y delgado, sale con cierto sigilo. Mira a su mamá que corta leña al fondo.

JULIAN
(en voz baja)
¡Vamos!

HERMANA JULIAN
(gritando)
Julián, ¿usted para dónde va?

JULIAN
¡Y a usted que le importa!

HERMANA JULIAN
Deje y verá que le voy a decir a mi papá.

Su hermano le hace señas para que se calle. Luego sale corriendo con Manuel.

3. EXT. CANCHA FUTBOL – DIA

En una cancha improvisada, Manuel, Julián, POCA LUZ (9), albino, y un GRUPO DE NIÑOS (11), juegan al fútbol. Algunas de las camisetas han sido hechas por ellos, imitando las de las grandes selecciones de fútbol: Argentina, Brasil, México, Alemania...

Instantes después, Poca Luz, muy agitado, viene hasta un tronco de madera sobre la grama y se sienta. No puede más. Julián ve desde la cancha como abandona el campo.

Un niño del equipo contrario aprovecha y se acerca a la portería donde Manuel juega de arquero, Julián atraviesa la cancha rápidamente y lo tumba evitando un inminente gol. El niño que cae grita:

2 **el mandado** *aquí:* einen Auftrag ausführen – 3 **el sigilo** el secreto – 10 **usted** *AmS aquí:* tú (In einigen lat.am. Ländern wird bei der 2. Pers. Singular "usted" verwendet statt „tú" und "ustedes" statt "vosotros".) – 23 **la grama** die Quecke (krautiges, festes Gras mit längeren Büscheln) – 27 **tumbar** *aquí:* foulen, niederstrecken

NIÑO 1
¡Penalty! ¡Penalty!

MANUEL
¡Que va... Usted se cayó solo!

NIÑO 1
Nada mijo... Penalty, sino no seguimos jugando.

Todos se miran en silencio. El niño al que le cometieron la falta coge la pelota. Manuel se acerca a Julián.

MANUEL
(a Julián)
Julián mejor usted quédese adelante y no baje tanto.

JULIAN
¡Pero no ves pues que Poca Luz ya se cansó!

Manuel mira a Poca Luz, sentado en el tronco, pálido como una hoja de papel. El niño albino lo mira y menea la cabeza, se recuesta en el tronco, sigue con la respiración agitada.

Al que le cometieron el penalty se prepara para cobrar. Cuenta los doce pasos desde la portería.

JULIAN
Ahí no es, es más atrás, no nos vaya a hacer trampa.

Julián coge la pelota y la pone un poco más atrás, sobre la grama mientras los del otro equipo chistan. El que va a cobrar coge impulso, pero un viento viene y la mueve. Corre detrás a cogerla, le mete bien uno de los trapos que se le está saliendo por un roto.

POCA LUZ
(asfixiado)
Manuel, ataje esa pelota como la otra vez... No se deje hacer gol...

6 **mijo** *juv aquí:* mi hijo - 7 **la falta** *deporte* das Foul - 15 **menear** hin und her bewegen, schwenken, *aquí:* (den Kopf) schütteln - 15 **recostarse** sich anlehnen - 17 **cobrar** einkassieren *aquí:* einlösen (den Strafstoß) - 22 **chistar** *coloq* meckern - 22 **coger impulso** Schwung/Anlauf nehmen - 24 **el trapo** *aquí:* der Stofffetzen - 24 **el roto** der Riss

Por fin el jugador del equipo contrario le pega a la pelota. Manuel, vuela por los aires y tapa el penalty. Todos los de su equipo vienen a felicitarlo.

Entonces Manuel, sin pensarlo dos veces, rápidamente coge la pelota y chuta a la portería contraria.

Los del equipo contrario sólo alcanzan a ver como la pelota pasa por encima de ellos, llega hasta la otra portería y hace gol. De nuevo todos lo felicitan y se tiran sobre él.

Mientras celebran, DOS NIÑOS, de 11 y 12 años llegan a la cancha de fútbol. Ven a Poca Luz, sentado y todavía asfixiado.

NIÑO 3
Entonces qué, Poca Luz, ¿me va a prestar esa camiseta?

POCA LUZ
¿Sí? ¿Y yo con qué juego...?

NIÑO 4
Si usted no está jugando... Préstesela que él se la cuida.

POCA LUZ
Para que me la dañe... No ve que esta es original.

NIÑO 3
¡Ah! Pero que pelado más mimado, que porque tiene la única camiseta de Argentina.

POCA LUZ
No es que mi mamá no me deja que la preste...

NIÑO 3
Este albino sí es picado...

Los tres miran de nuevo el partido de fútbol. Se sientan al lado de él.

2 **tapar el penalty** den Strafstoß vereiteln - 5 **chutar** kicken - 20 **el pelado** *AmS coloq* muchacho, der Junge - 25 **picado** *coloq* grantig, eingeschnappt

NIÑO 4 (al niño 3)
Yo oí decir dizque los albinos no duran mucho. Dizque se mueren muy rápido...

NIÑO 3
¿Será por eso que les dan tanto gusto?

Poca Luz oye y se levanta del tronco.

POCA LUZ
¡Mentirosos!

NIÑO 4
¿Qué no? ¿Usted ha visto un albino viejo?

Poca Luz se queda como obnubilado, mirando al vacío.

POCA LUZ
¿Morirme?

Manuel se da cuenta, y se viene a defender a Poca Luz, que ya está a punto de llorar. Julián llega también.

MANUEL
Hey, ¿Qué pasa? ¿Qué le hicieron a Poca Luz?

NIÑO 4
No, nada, es que como es tan mimado...

JULIAN
Suerte pelados, ustedes no están en el campeonato y no tienen nada que venir hacer acá.

MANUEL
Ustedes están muy grandes, así que chao...

NIÑO 4
Que va, nosotros sólo queríamos jugar...

Julián y Manuel se les ponen de frente. Abren los brazos y los desafían.

2 **dizque** *AmS* anscheinend, angeblich - 11 **obnubilado** vernebelt - 27 **desafiar a alguien** jemanden verscheuchen

JULIAN
Se van a aprovechar de Poca Luz porque es el más chiquito...

Los otros dos niños se van. Poca Luz sigue parado en el tronco. Manuel se acerca.

MANUEL
Fresco Poca Luz, no llore, mañana lo dejo tapar para que no se canse ¿Sí?

Poca Luz no puede contener el llanto.

4. EXT. CAMINO ESCUELA "LA PRADERA" – DIA

Manuel y Julián vienen caminando por el camino, empantanados de jugar al fútbol.

MANUEL
Hoy les metimos tres goles, mañana por lo menos cinco...¿Sí o no Julián?

JULIAN
¡Deje y verá que a la próxima esos pelados quedan más aburridos!

MANUEL
Y eso que jugamos con uno menos...

DON ALBERTO (55), el papá de Julián, moreno, montado en un azabache aparece por el camino. Trae una botella de aguardiente en la mano.

JULIAN
¡Uy! ¡Mi papá...! Mejor me voy.

Al instante, Julián sale a campo traviesa. Poco después pasa Don Alberto, al galope. Manuel lo ve alejarse.

Suena el pito de un carro que se acerca. Aparece un Jeep Willy's que Manuel apenas tiene tiempo de esquivar.

6 **tapar** *aquí:* verteidigen, abwehren - 10 **empantanado** *aquí:* verschwitzt - 20 **el azabache** der Rappe - 20 **el aguardiente** der Schnaps - 27 **esquivar** ausweichen

Unos metros más adelante se baja CARMEN (23), una joven, de aire citadino, delgada, vestida de blue jeans y camisa, con una bolsa y un morral.

5. EXT. ESCUELA "LA PRADERA" – DIA

Manuel sigue a la joven sin que lo vea. Ve como toca la puerta. LUISA (38), blanca y robusta, con un delantal de flores y bata larga, abre y le ayuda con el equipaje.

Manuel se acerca y la observa por la ventana desde afuera mientras conversan. Al lado del niño hay un letrero sobre una de las paredes, en letras rojas, viejo, donde alcanzamos a leer: "El Pueblo con las armas. Vencer o morir"

6. EXT. POTRERO CASA MANUEL – DIA

Los rayos del sol iluminan un pequeño valle verde rodeado de montañas. A través de la suave neblina que se mueve entre los árboles vemos a ERNESTO (30), blanco, 1,75 de estatura, vestido de pantalón de dril, saco y botas de caucho, que arrea una vaca y su cría hasta un pequeño potrero.

ERNESTO
¡Manuel, el balde!

Manuel llega corriendo espantando algunas gallinas que se le atraviesan en el camino. Le entrega el balde a su padre.

ERNESTO
Amárrele bien la cola Manuel...

MANUEL
Papá yo creo que ya llegó la nueva profesora...

ERNESTO
¿Quién le contó?

2 **citadino** städtisch – 3 **un morral** *Col* der Rucksack – 9 **un letrero** ein Schriftzug – 16 **el caucho** der Gummi, Kautschuk – 16 **arrear** treiben – 17 **el potrero** Pferdekoppel – 23 **amarrar** festbinden

MANUEL
Cuando venía para acá ella llegaba… La vi tocar en la escuela.

ERNESTO
¡Como lo necesito a usted aquí para que me ayude…! Qué le vamos a hacer… me tocará decirle a Mario para que me colabore…

Manuel acaba de hacerle un nudo a la cola con un lazo delgado. Ernesto se sienta en un pequeño banco de madera, pone el balde debajo de las ubres y comienza a ordeñar.

ERNESTO
Esta vaca está llenita…

MANUEL
¿Y no le vamos dejar nada a la cría?

ERNESTO
Tranquilo, que esta vaca es muy agradecida, vea… ¡Bendito Dios!

Manuel soba la cría que está al lado de la vaca, tratando de alcanzar las ubres.

MANUEL
Tranquilita, tranquilita… ¿Sí le vamos a poner nombre?

ERNESTO
¡Si fuera una hembrita! Un macho no nos sirve…

Ernesto exprime las ubres con destreza, delgados hilos de leche rompen la espuma blanca que sube poco a poco en el balde.

MANUEL
En la casa del vecino la vaca tuvo una ternera negra y la pusieron "noche"…

Ernesto no contesta. Manuel se agacha para ver a su padre ordeñar. Manuel acaricia la cabeza del ternero.

6 **el lazo** der Strick, das Lasso – 8 **las ubres** die Zitzen – 8 **ordeñar** melken – 21 **la destreza** die Fingerfertigkeit, Geschicklichkeit – 27 **agacharse** sich bücken

MANUEL
¿Le ponemos "Palomo"?

ERNESTO
Mejor no se encariñe con ese animal, nos va tocar sacrificarlo.

Manuel le pregunta a la cría.

MANUEL
¿Te gusta "Palomo"? *(MIRANDO A ERNESTO)*... ¿Sí, papá?

Ernesto ve aparecer entre la neblina a CUATRO HOMBRES de entre treinta y cuarenta años, fornidos, vestidos de botas, sombrero y ruana, vienen a paso largo por un camino estrecho que baja de la montaña.

ERNESTO
¡Vamos, hijo!

Manuel está embelesado con Palomo.

ERNESTO
Muévase pues...

El niño no quiere despegarse del animal. Ernesto tiene que coger a la fuerza a su hijo de la mano, y con la otra, el balde de leche que se riega manchando la tierra.

7. EXT. MATORRAL CASA MANUEL – DIA

Ernesto y Manuel se esconden entre un matorral seco desde donde pueden ver la casa. Por entre las ramas observan a los hombres que hablan con MIRIAM (28), la mamá de Manuel, pelo largo, negro, de mirada y sonrisa agradables, que en ese momento termina de colgar unas ropas recién lavadas.

MANUEL
(en voz baja)
¿Qué pasa?

9 **fornido** stämmig - 10 **la ruana** der Poncho - 14 **embelesado** entzückt - 21 **el matorral** das Gebüsch

ERNESTO
(en voz baja)
Nada...

MANUEL
Entonces ¿Por qué nos escondemos?

ERNESTO
¡Ssssssh! ¡Quédese callado!

Frente a la casa, con un hermoso jardín florecido, los cuatro hombres toman posiciones a igual distancia formando una "U". El de más edad, que parece ser el comandante, se quita el sombrero y le dice algo a la mujer.

MANUEL
¿Quiénes son esos señores? ¿No fueron los que vinieron la otra vez?

ERNESTO
Ya le dije que se quede callado, córrase para allá...

MANUEL
No puedo...

ERNESTO
¡Qué se corra!

Ernesto, entre los palos secos con espinas, ve como Miriam sale con unas tazas humeantes y se las ofrece. Manuel se corre y algunas espinas se le enredan en el pantalón. Con la mano, Manuel trata de zafarse. Una gota de sangre sale y mancha su pantalón.

El comandante toma un sorbo humeante sin dejar de escrutar a Miriam, que rehuye la mirada. Los otros tres, en silencio, hacen lo mismo. El humo que sale de las tazas casi les cubre el rostro cada vez que respiran. Ernesto y su hijo ven cómo uno de los hombres saca del bolsillo de la camisa una hoja de papel de cuaderno.

MANUEL
¿Ya?

22 **humeante** dampfend - 24 **zafarse** losmachen, befreien - 25 **escrutar** beäugen

ERNESTO
Ya ¿qué?

MANUEL
¿Ya podemos salir?

ERNESTO
Todavía no...

Miriam se queda con la taza extendida en el aire, mientras los ve alejarse de la casa para perderse en medio de la neblina como si fueran fantasmas.

8. INT. CASA MANUEL – NOCHE

Miriam acaba de planchar la camisa blanca del uniforme de su hijo. La cuelga en un gancho. Luego coge el pantalón. Al fondo vemos a Ernesto que arregla la puerta. Con un martillo clava gruesos clavos ajustando las tablas. El ruido inunda toda la casa.

Miriam mira a Ernesto, que casi con rabia no para de martillar. Su esposo la observa a través del suave vapor que sale de la plancha. Ella rehuye la mirada y vuelve a su trabajo.

Manuel entra a su cuarto donde está Alexander, de dos años, su hermano menor, él le coge los pocos lápices de colores que le quedan mientras él intenta organizar su maleta.

MIRIAM
(off)
¿Manuel encontró el morral?

Manuel apenas puede oír desde su cuarto.

MANUEL
¿Qué?

MIRIAM
(gritando más fuerte)
¿Que si encontró el morral?

10 **INT.** interior - 14 **inundar** überschwemmen, *aquí:* füllen - 23 **el morral** der Rucksack

MANUEL
Sí señora...

Manuel piensa por unos instantes recordando lo que falta. Busca la pelota y la pone cerca al morral. Al fondo se siguen escuchando los martillazos.

9. EXT. PATIO ESCUELA "LA PRADERA" – DIA

En un salón pequeño de paredes blancas, adornado con símbolos patrios, VEINTE ALUMNOS, entre los 9 y 12 años, vestidos de sudadera y camiseta están sentados en escritorios de madera de dos puestos, miran a la profesora con cierta timidez.

PROFESORA
Buenos días, niños

ALUMNOS
(en coro)
¡Buenos días!

PROFESORA
Mi nombre es Carmen. Estoy muy contenta de estar acá con ustedes. Así que bienvenidos... Vamos a ser los mejores alumnos de ahora en adelante, ¿verdad?

ALUMNOS
¡Sí profesora!

PROFESORA
Pórtense bien y a cumplir juiciosos con las tareas... ¿Me lo prometen?

ALUMNOS
¡Sí profesora!

PROFESORA
Han perdido mucho tiempo esperando la nueva profesora, así que empecemos de una vez...¡manos a la obra!

23 **juicioso** vernünftig, *aquí:* still, leise

10. INT – DIA SALÓN ESCUELA „LA PRADERA" – DIA

Carmen va hasta el tablero, abre un pequeño cuaderno y comienza a copiar algunos ejercicios.

Atrás, Manuel saca el cuaderno. Coge lo que apenas le queda de un lápiz de color amarillo, le saca punta, pero cuando va a dibujar se le quiebra.

MANUEL
(en voz baja mirando a Julián)
¡Julián! ¡Julián!

Julián apenas sí le presta atención, en ese momento rellena uno de sus zapatos guayos viejos con papel.

MANUEL
¿Usted de dónde sacó esos guayos?

Julián se agacha y se pone de inmediato el zapato debajo del pupitre.

MANUEL
¿Julián, usted tiene un color amarillo que me preste?

JULIAN
No, no tengo...

Manuel intenta sacarle de nuevo punta al último pedacito.

De pronto, la mano de una niña aparece con un lápiz grande de color amarillo, casi nuevo. MARIA CECILIA (7), la compañera del otro lado, le sonríe. Manuel la mira por unos instantes.

Coge el lápiz con timidez y comienza a pintar. La profesora se da cuenta que Manuel está dibujando.

PROFESORA
¿Manuel?

12 **el guayo** *Col* Fußballschuh, Turnschuh – 15 **el pupitre** das Schülerpult

Manuel sentado en los puestos de atrás levanta la cabeza. Algunos se ríen agachándose o escondiendo la cara entre los cuadernos de pastas de cartón y forros plásticos de colores.

PROFESORA
Así te llamas... ¿Cierto?

MANUEL
Sí profesora...

PROFESORA
Trae el cuaderno...

Manuel se acerca a la profesora entre risitas y cuchicheos. La profesora abre el cuaderno y ve los ejercicios sin hacer. Pasa las hojas en blanco hasta que llega al dibujo que muestra un paisaje con una casa en medio de montañas.

PROFESORA
(en voz baja)
No estás haciendo la tarea.

Manuel baja la cabeza y se queda callado.

PROFESORA
Has estado dibujando, en vez de hacer tus oficios...

MANUEL
Es que... La otra profesora dejó como tarea unos dibujos y yo...

Manuel voltea y ve a sus compañeros que entre risas, simulan trabajar.

PROFESORA
Estamos en clase de matemáticas y no de dibujo, no es hora para estar pintando y menos en tu cuaderno de ejercicios.

MANUEL
Pero...

3 **la pasta de cartón** der Einband - 3 **los forros plásticos** die Plastikschutzhülle - 10 **el cuchicheo** *aquí:* das Gemurmel

PROFESORA
Pero nada... Vete a tu puesto y haz los ejercicios, como los demás, ¿entendido?

MANUEL
Sí, profesora.

Manuel da media vuelta y sale para su escritorio. Todos están en completo silencio.

PROFESORA
¡Espera...! ¡Mira, tu cuaderno!

Manuel se devuelve y recibe el cuaderno. La profesora no lo suelta del todo.

PROFESORA
¿Te pasa algo?

Manuel algo apesadumbrado menea la cabeza. Coge el cuaderno y se sienta. Sus compañeros ríen. En el puesto mira el dibujo por última vez y comienza con las multiplicaciones al igual que los demás.

11. EXT. CAMINO CANCHA FÚTBOL – DIA

Manuel y Julián vienen caminando, seguidos por Poca Luz y un grupo de niños que charlan de fútbol.

JULIAN
¡Huy! ¡Quebrando con María Cecilia! Ella está muy chiquita pa´usted...

MANUEL
¡Uhm! ¿Quebrando... Cuál quebrando?

JULIAN
Sí, hágase el bobo... Cree que no me di cuenta...

Manuel se hace el desentendido. Coge la pelota y empieza a hacer treinta y una. Julián ve una flor silvestre al lado del camino. Se agacha y la arranca.

14 **apesadumbrado** triste – 21 **quebrar** *aquí:* anbändeln

JULIAN
¡Mirá para que le des a tu novia de regalo!

Manuel no le hace caso. Julián le mete la flor en la maleta al escondido.

MANUEL
¿Julián y usted de dónde sacó esos guayos?

JULIAN
Me los regaló mi hermano, antes de irse de la casa...

MANUEL
¿Johan se fue? ¿Para dónde?

JULIAN
En la casa dicen que se fue lejos, a trabajar con un tío a la costa... pero (EN VOZ BAJA) él se fue para el monte...

MANUEL
¿Pa´la guerrilla?

JULIAN
¡Shhhhhhh! No le vaya a contar a nadie que usted es muy lengüi suelto.

MANUEL
(riéndose)
Pero esos guayos están como muy viejitos...

JULIAN
No... ¡Ni tanto! No ve que mi papá me dijo que no podía jugar con las botas porque las acababa...

MANUEL
¡Y grandecitos! (RISAS MIENTRAS SEÑALA LOS PIES)

Los otros niños también se ríen. Todos vienen a pisarlo. Julián corre, los niños lo siguen.

15 **pa'la guerrilla** *coloq* para la guerrilla - 17 **ser lengüi suelto** *coloq* tener la lengua suelta, redselig sein, ein Plappermaul sein

12. EXT. CANCHA FUTBOL – DIA

Manuel, Julián y Poca Luz, se encuentran con un grupo de niños vestidos con pantaloneta y camiseta. Todos están medio escondidos, recostados en un barranco.

JULIAN
¿Qué pasa?

NIÑO
(voz baja)
No, nada...

Todos se asoman por encima del barranco y ven al fondo a un GRUPO DE GUERRILLEROS (20), vestidos de camuflado. Manuel alcanza a ver a los cuatro campesinos que fueron a preguntar por su papá el día anterior (dos de estos andan en una moto). Están enfilados mientras el comandante pasa revista.

MANUEL
(algo preocupado)
Mejor juguemos treinta y una mientras tanto, el que la deje caer pierde...

TODOS
¡Listo!

Los niños hacen un círculo. Manuel comienza. De vez en cuando mira hacia la cancha por sobre el barranco. La pelota pasa de niño en niño, hasta que empieza a vomitar trapos. Uno de ellos la coge con la mano.

NIÑO
No Manuel, esta pelota ya no sirve, está borracha, no hace sino vomitar trapos.

Todos ríen.

MANUEL
Deje eso así y dele...

11 **camuflado** tarnfarben (militärisch) – 14 **enfilado** aufgereiht – 14 **pasar revista** *loc* controlar – 23 **vomitar trapos** *fig* auseinanderfallen

Comienzan de nuevo la treinta y una, pero cada vez es más difícil darle y que rebote en el pie. Uno de los niños se la pasa a Julián, que por no dejarla caer le da en una posición incómoda.

La pelota sale por los aires y el viento se la lleva hasta muy cerca de donde están los guerrilleros.

POCA LUZ
(acomodándose los lentes)
Ahí si va tocar esperar...

Los guerrilleros poco a poco se levantan y se alistan. Abandonan la cancha cogiendo un trecho loma arriba. Dos de ellos se montan a una moto y se van.

Apenas está la cancha desocupada, los niños salen corriendo a recuperar la pelota. Comienzan a jugar.

MANUEL
Poca Luz, póngase pues en la portería... yo le enseño a tapar como si tuviera alas...

13. EXT. CARRETERA VEREDAL – DIA

Manuel y Ernesto, con una cría de cerdo, esperan el bus al lado de la carretera. UNA MUJER (25), vestida de luto con falda y con una pañoleta en la cabeza, espera al lado de dos colchones amarrados y unos costales con utensilios de cocina.

Manuel, fija la mirada en DOS NIÑOS que juegan alrededor de ella con un pequeño perro. El bus llega atestado de gente.

AYUDANTE BUS
Abajo no hay campo para todo eso, mi señora...

MUJER
(resignada)
Hágame el favor y me echa eso arriba como pueda ¿Sí?

9 **alistarse** sich bereit machen - 10 **un trecho loma arriba** ein Pfad hügelaufwärts - 19 **de luto** in Trauer - 21 **el costal** der Sack - 23 **atestado** voll - 25 **el campo** *aquí:* der Platz, Raum

Con dificultad, la mujer le pasa las cosas al ayudante que, con un poco de mala gana, las acomoda arriba como puede. Manuel y su papá se montan.

14. EXT/INT. BUS ESCALERA EN MOVIMIENTO – DIA

Manuel carga el cerdito en sus piernas, le hace campo a la mujer y a los DOS NIÑOS que por fin pueden subirse. De vez en cuando su padre, lo abraza sonriente. El niño recuesta cariñosamente la cabeza en su padre sin dejar de mirar los dos niños y a la mujer de luto.

15. EXT. PARQUE PUEBLO – DIA

Ernesto y Manuel se bajan del bus de escalera en el parque de un pueblo pequeño. Familias campesinas cargan sus mercados. Algunas mulas y carretas se mueven de aquí para allá.

En una esquina vemos un grupo de policía militar, que requisa a unos campesinos y les piden papeles a otros. Hay un puesto hecho con sacos de arena pintados de verde, desde donde un policía vigila alerta con un fusil.

16. EXT. MERCADO PARQUE PUEBLO – DIA

Algunos puestos al aire libre con frutas y verduras medio llenan la plaza. Los campesinos regatean los precios mientras otros miran y escogen de los estantes de madera.

Ernesto y su hijo llegan a un puesto con jaulas de bambú con gallinas, patos y conejos. MARIELA (45), blanca y de aspecto masculino limpia una de las jaulas.

ERNESTO
¿Cómo está, doña Mariela?

MARIELA
Bien, Don Ernesto ¿Cómo le ha ido?

3 **montarse** *aquí:* einsteigen - 6 **hacer campo** Platz machen - 13 **la mula** der Esel/das Maultier - 16 **los sacos de arena** Sandsäcke

Mariela viene y le da unas palmaditas en la cabeza a Manuel.

MARIELA
¿Cómo crecen de rápido estos muchachos, no?

Manuel coge la mano de su papá y esconde la cara un poco asustado.

ERNESTO
¿Y Don Jorge? Aquí le traje el encarguito.

Ernesto carga el cerdito del suelo y se lo pasa a Mariela.

MARIELA
¿Y cuánto es qué vale?

ERNESTO
¡Mire que belleza Doña Mariela!

MARIELA
Yo creo que lo mejor es que espere a Don Jorge... Para que negocie con él, usted siempre es carerito.

En un puesto cerca, Ernesto alcanza a ver al comandante y otro más (dos de los cuatro hombres que fueron a preguntar por él a la finca). Conversan con una mujer joven en un puesto cerca. Ernesto baja inmediatamente la cabeza.

ERNESTO
Yo le dejo el animalito y vuelvo enseguida por la platica... Ya él sabe como es el negocio.

MARIELA
Pero es que él no se demora... espérelo.

Ernesto apresuradamente coge a Manuel. Doña Mariela los ve perderse entre la gente. En la huída alcanza a ver a los otros dos que fueron a preguntar por él. Rápidamente cambia de dirección y se pierde entre los otros campesinos.

1 **la palmadita** Klaps, leichter Schlag - 7 **el encarguito** die Bestellung - 15 **el carerito** ein bisschen teuer - 21 **la platica** *coloq* das Geld - 23 **demorarse** sich verspäten

17. INT. IGLESIA PUEBLO – DIA

Manuel y su papá están sentados en una de las bancas de madera. Ernesto algo asustado mira para lado y lado. En la iglesia algunas ancianas vestidas de negro rezan adelante. Ernesto se arrodilla, agacha la cabeza y se coge las manos.

ERNESTO
¡Arrodíllese!

Manuel se arrodilla junto a su papá, se coge las manos y finge rezar. Mira la imagen de un Cristo crucificado mirando al cielo, con la corona de espinas. El eco de las rezanderas llena la capilla.

Ernesto siente que alguien se sienta detrás. Se queda paralizado por unos instantes. Lentamente y por encima del hombro intenta mirar hacia atrás. Sólo alcanza ver las manos de un hombre que salen de una ruana.

Ernesto se limpia el sudor de la cara. Se echa la bendición rápidamente.

ERNESTO
Vamos hijo…

Se levanta y sin mirar al hombre detrás de él, sale de la iglesia.

18. INT. HELADERIA PUEBLO – DIA

Sobre algunas mesas de madera y sillas plásticas, unas palomas comen restos de comida. Manuel y su padre están sentados en una de las mesas espantando algunas de ellas. El mesero llega, le pone un jugo al niño y una cerveza a Ernesto.

ERNESTO
Espéreme aquí Manuel, échele ojo a don Jorge. ¿Entendido?

4 **rezar** beten – 4 **arrodillarse** sich hinknien – 5 **agachar la cabeza** den Kopf neigen – 5 **coger las manos** *aquí:* die Hände (zum Gebet) falten – 8 **fingir** so tun als ob – 23 **espantar** erschrecken, verscheuchen

Manuel toma su jugo con pitillo mientras asiente con la cabeza. El niño ve a su padre entrar a un almacén e instantes después salir con un paquete en la mano. Viene y un poco al escondido lo mete en un bulto con el mercado que hay al lado de su taburete.

Manuel empieza a jugar con los hielos y el pitillo. Ernesto gira su cabeza y ve de nuevo al comandante y su compañero. Conversan en una mesa en la esquina de la calle del frente. Los dos hombres, ríen y cuentan chistes.

ERNESTO
(en voz baja)
¡Shssss! No hagas sonar el vaso.

Ernesto saca un billete del bolsillo y lo pone encima de la mesa.

ERNESTO
¡Vamos!

MANUEL
No he acabado...

ERNESTO
¡Párese!

MANUEL
Pero es que...

Ernesto le quita el vaso y lo pone en la mesa sobre los billetes.

19. INT. JEEP EN MOVIMIENTO CARRETERA – ATARDECER

Ernesto viaja en el asiento de adelante junto al conductor. Atrás, Manuel, sonriente, saca la cabeza por unas de las ventanillas mientras ve como la brisa mueve frenéticamente un globo que lleva un niño por encima de la carpa del jeep.

1 **el pitillo** der Strohhalm - 4 **el bulto** das Bündel - 4 **el taburete** der Barhocker - 26 **la brisa** der Wind(zug) - 26 **frenéticamente** begeistert

20. EXT. CARRETERA – ANOCHECER

En una curva de la carretera, el viejo Jeep Willy's se detiene. Una nube de polvo se levanta. Ernesto baja y le tiende la mano a su hijo para que Manuel salte. El niño camina al lado de su padre que carga el bulto de mercado al hombro, en medio de un coro de grillos.

21. INT. COMEDOR CASA MANUEL – NOCHE

Manuel, Ernesto, Miriam y su hermano, terminan de comer. De pronto, Miriam va hasta la cocina y llega con una torta pequeña y una velita en la mitad en forma de 9.

MIRIAM Y ERNESTO

¡Cumpleaños feliz... Te deseamos a ti... Cumpleaños Manuel, cumpleaños feliz...!

Todos aplauden. Manuel mira la torta y la vela que le ilumina el rostro.

MIRIAM

¡Pida un deseo, Manuel!

Manuel cierra los ojos por unos instantes, toma aire y apaga la vela. De nuevo todos aplauden, hasta Alexander, su hermano menor. Su madre se acerca y le da un beso y lo abraza.

MIRIAM

¿Sabes qué? Yo creo que se te va a cumplir...

Mientras Miriam trae un cuchillo y empieza a partir la torta, Ernesto va a su pieza y le entrega un paquete a su hijo (el mismo que sacó del almacén en el pueblo).

ERNESTO

(sonriente)

Tome Manuel, su regalo de cumpleaños... ¡Ábralo!

18 **hasta** *aquí:* sogar

Manuel coge el paquete y rápidamente lo abre, saca un balón de fútbol nuevo, envuelto en una malla y unos guantes de arquero. No lo puede creer, salta de la alegría.

ERNESTO
Ahora no va a descuidar sus estudios por estar jugando fútbol. ¿Me oyó?

Manuel viene y abraza a su padre.

22. INT. CUARTO CASA MANUEL – NOCHE

Hasta una pequeña cama llegan Miriam y su hijo. Encima, sobre una repisa, una pequeña María Auxiliadora en yeso, con la nariz y las manos despintadas los vigila. Una pequeña lámpara de vidrio de varios colores ilumina tenuemente las paredes.

Miriam arropa a Manuel. Se escucha el sonido de unos helicópteros, la vibración hace que los vidrios de la ventana produzcan un zumbido en todo el cuarto. Miriam viene y se asoma e intenta adivinarlos en el cielo oscuro.

MANUEL
Ayer pasó el avión fantasma.

MIRIAM
¿Ayer? No lo oí.

MANUEL
¿Para dónde van los helicópteros?

MIRIAM
No sé...

Poco a poco el sonido de los aparatos se apaga. De nuevo sólo se escuchan los grillos. Miriam deja de mirar el cielo y acaba de arropar a su hijo.

2 **la malla** das Netz – 2 **el arquero** der Torwart – 10 **la María Auxiliadora** die heilige Maria (*aquí:* eine kleine Statue aus Gips) – 12 **tenuemente** *aquí:* schwach – 13 **arropar** zudecken – 14 **el zumbido** das Surren, Brummen

MIRIAM
(mirando a su hijo)
¿Ya rezó?

MANUEL
Sí señora.

MIRIAM
La bendición...

MANUEL
En el nombre del padre, del hijo y del espíritu santo...

MIRIAM
Amén...

MANUEL
Amén.

Miriam le da un beso. Apaga la luz de la lámpara y sale. Apenas cierra la puerta, Manuel saca el balón y los guantes debajo de la cobija. Instantes después escucha a sus padres discutir en el comedor.

ERNESTO
(off)
Allá me encontré otra vez con esa gente...

(Silencio)

MIRIAM
(off)
¿Y qué le dijeron...?

ERNESTO
(off)
No me vieron.

MIRIAM
(off)
Es mejor que vaya a esas reuniones en la escuela... no sea tan terco... ya es la tercera vez que lo citan.

15 **la cobija** die Decke – 29 **terco** stur

ERNESTO
(off)
Si voy, quedo comprometido con esa gente... me contaron que los paramilitares ya están en el pueblo...

Mientras escucha la conversación, Manuel se queda dormido, mirando los afiches pegados a las paredes de su cuarto que muestran a porteros de fútbol famosos volando por los aires.

MIRIAM
(off)
Tiene que enfrentar a esa gente...

ERNESTO
(off)
Usted sabe que yo no me acobardo con esas cosas.

MIRIAM
(off)
¿Tiene miedo que le pase lo mismo que a su papá?

ERNESTO
(off)
¡Cállese Miriam! Eso fue en otra época, si fuera por miedo hace rato hubiera vendido y me hubiera ido.
(Pausa)

MIRIAM
(off)
Usted sabe que para esa gente él que no está con ellos, está contra ellos.

23. EXT. CASA MANUEL – AMANCER

Los gallos cantan. Una neblina espesa y azul cubre el campo opaco y frío. Un pequeño hilo de humo sale de la casa de Manuel. A través de la ventana vemos algunas luces encendidas. Escuchamos en la radio algunos clasificados.

6 **el afiche** *AmS* das Poster – 13 **acobardarse** sich einschüchtern lassen – 27 **opaco** matt – 30 **los clasificados** *aquí:* die Radiospots

24. INT. CUARTO CASA MANUEL – AMANECER

Miriam entra al cuarto. Una luz amarilla llega hasta la cama del niño todavía dormido.

MIRIAM
¡Manuel, levántese!

Miriam sale. Manuel, con pereza, se restriega los ojos y da un profundo respiro. No ve su balón. Preocupado se descobija y va hasta la baranda de los pies. Repasa todo el cuarto con su mirada, hasta que por fin lo encuentra debajo de la cama.

MIRIAM
(off)
¿Manuel, ya se levantó?

25. INT. ESCUELA "LA PRADERA" – DIA

En la escuela, Manuel, cargando su balón de fútbol nuevo, está distraído dibujando un pequeño "filme" en el borde de su cuaderno, a medida que pasa las hojas, un muñequito juega al fútbol con la cabeza. Al fondo escucha a la profesora que toma lista.

PROFESORA
Arenilla Felipe...

FELIPE
(levantándose)
¡Presente!

PROFESORA
Cano Manuel...

MANUEL
(levantándose)
¡Presente!

PROFESORA
Córdoba Julián...

7 **descobijarse** die Decke zurückschlagen und aufstehen

JULIAN
(levantándose)
¡Presente!

PROFESORA
González María Cecilia...

Nadie contesta. La profesora mira al grupo.

PROFESORA
¿María Cecilia?

Manuel y los otros niños voltean y miran el puesto vacío. Hay un silencio profundo.

PROFESORA
¿Alguien sabe que le pasó a María Cecilia?

Una niña, de unos diez años, al lado del puesto vacío. Se pone de pie.

PROFESORA
¿Sabes dónde está ella?

NIÑA
Ellos se fueron, profesora.

PROFESORA
¿Se fueron?

NIÑA
Esta mañana pasé por ella para venirnos juntas y la casa estaba sola...

La profesora duda por unos instantes antes de creerle.

PROFESORA
¿En qué vereda vives?

26 **la vereda** der Bürgersteig, *aquí:* die Straße

NIÑA
"Río Verde"

Carmen por fin coge el lápiz y tacha el nombre de María Cecilia y continúa llamando a los otros alumnos. Manuel busca entre sus colores el lápiz amarillo. Se queda mirando el puesto vacío por unos instantes.

26. EXT. CAMINO CASA MANUEL – DIA

Miriam viene cargando una bolsa con algunos víveres. De camino a casa se encuentra con un grupo de desplazados que huyen de la zona. Algunos hombres llevan colchones amarrados. Miriam alcanza a ver a Rosaura, una mujer mayor, que cojea mientras camina entre el grupo.

MIRIAM
¿Rosaura, para dónde van?

ROSAURA
Tuvimos que abandonar la finquita... comadre.

MIRIAM
¿Por qué?

ROSAURA
La cosa por allá en Río Verde está muy dura... Ayer se llevaron a tres de los hermanos González... Los de la finca "La Merced"... dizque por colaborar con "la guerrilla".

Miriam se queda mirándola en silencio.

MIRIAM
¿Los González?... ¿Cómo así? ¿Y por qué? ¿Es que debían algo o qué?

ROSAURA
Que yo sepa nada, comadre...

8 **los víveres** die Habseligkeiten – 11 **cojear** hinken – 16 **la finquita** *fam* la finca pequeña *aquí:* der Hof

MIRIAM
¿Y para dónde van?

ROSAURA
No sabemos, comadre, no sabemos... Yo ya estoy muy vieja y no podía quedarme sola en la finca con tanta zozobra.

MIRIAM
¿Y quién va a cuidar la casa? ¿La dejó sola?

ROSAURA
La dejé cerrada bajo llave, los animales quedaron donde Efraín en la finca vecina. Ojala no se mueran...

Rosaura baja la cabeza. Miriam la ve correr y alcanzar al grupo.

MIRIAM
Adiós, comadre... Vaya con Dios...

27. INT. CASA MANUEL – DIA

Preocupada, Miriam llega corriendo hasta la casa. Pone la bolsa en la cocina.

MIRIAM
¡Ernesto!

Busca a su esposo en la pieza. Ve a Alexander jugando en la cama cuna.

MIRIAM
¡Ernesto! ¡Ernesto!

Va al patio de atrás pero no lo ve. Lo llama gritando.

MIRIAM
¡Ernesto!

Lo ve en la marranera, cerca al potrero. Corre hasta allá saltando algunos cultivos.

5 **la zozobra** la inquietud, la preocupación - 26 **la marranera** der Schweinestall

28. INT. MARRANERA CASA MANUEL – DIA

Ernesto ve llegar a su esposa. Deja de darles comida a los marranos. Miriam se queda mirándolo en silencio a punto de llorar.

ERNESTO
¡¿Qué pasa?!

MIRIAM
Se llevaron a tres de los hermanos González...

Ernesto se limpia el sudor y sigue dándoles comida a los animales.

ERNESTO
¿Quién le dijo?

MIRIAM
Rosaura, mi comadre... tuvieron que abandonar la finca...

Ernesto no dice nada, coge un balde de agua y le echa a los animales.

ERNESTO
¡Sí ve! Se lo dije... De seguro los González estaban yendo a esas reuniones en la escuela...

Miriam viene, lo agarra del brazo para que le ponga cuidado.

MIRIAM
Vamos a tener que irnos de aquí... Siquiera por un tiempo...

ERNESTO
¿Irnos? Para dónde... Nos moriríamos de hambre...

MIRIAM
Como que nos moriríamos de hambre... Usted podría trabajar en otra cosa, y yo, pues... No sé, algo me inventaría... Puedo cocer, vender colchas en cualquier parte, o aprendo a hacer cualquier otro oficio...

2 **el marrano** das Schwein - 18 **agarrar** anpacken, anfassen, heranziehen - 20 **siquiera** *aquí:* bestimmt, sicher - 26 **la colcha** die Decke

ERNESTO
Usted sabe que esta tierra me ha costado mucho trabajo conservarla y es lo único que tenemos...

Ernesto se suelta del brazo y continúa su trabajo.

ERNESTO
Yo no le debo nada a nadie y sólo quiero que me dejen trabajar en paz. ¡Váyase para la casa!

Miriam da la espalda y comienza a sollozar.

29. EXT. CANCHA FÚTBOL – DIA

Los niños están admirando el nuevo balón de fútbol que brilla en las manos de Manuel.

JULIAN
Igualitico a los que se ven en los partidos de fútbol de la televisión...

NIÑO
Ahora sí vamos a jugar de seguido.

POCA LUZ
No como esa otra cosa de trapos que tenía usted...

MANUEL
Eso no es nada... miren como rebota...

Manuel chuta la pelota al aire. Uno de los niños le da duro al balón que rebota en el cuerpo de uno de los jugadores. La bola viene rápidamente hasta los pies de Julián, que coge impulso y con fuerza la patea.

Manuel intenta taparla pero el balón se le escapa y vuela por los aires, y rebota hasta una pequeña manga al lado de un árbol.

8 **sollozar** schluchzen - 13 **igualitico a** igual a - 21 **dar duro al balón** den Ball wegschlagen - 26 **rebotar** wegspringen - 26 **la manga** *aquí:* die Mango

Por el camino aparece Don Alberto, que viene tratando de hacer mover una marrana peluda y manchada. La coge de las orejas mientras chilla.

DON ALBERTO
¡Esta vergaja no se va dejar mover, pues!

La jala de un lazo que tiene amarrado a la cabeza, pero no se mueve. Los niños se quedan mirando.

DON ALBERTO
¡Julián venga y ayuda en vez de quedarse ahí parado!

Los niños vienen todos a ayudar. Entre todos la arrastran un poco por el suelo.

DON ALBERTO
Un empujoncito más y verá.

El cerdo endereza las patas delanteras. Julián coge un palo y se lo clava en las costillas. El animal pega un brinco y comienza a atravesar la cancha mientras chilla.

Vemos los rostros de los niños sonrientes que la ven alejarse. De pronto escuchamos una fuerte explosión que los tira al piso. Pasto y tierra vuelan por los aires y luego un humo gris espeso lo tapa todo.

Instantes después, Don Alberto y los niños se levantan, no pueden creer lo que ven.

El cerdo con las patas arriba y moribundo, intenta moverse sobre la grama.

3 **chillar** quieken - 5 **la vergaja** *vulg* das Schwein - 6 **jalar** ziehen, zerren - 6 **amarrar** festmachen, anbinden - 13 **un empujoncito** ein Schubs - 14 **enderezar** *aquí:* austrecken, begradigen - 15 **pegar un brinco** springen, einen Sprung machen - 22 **moribuno** estar por morir

30. EXT. CANCHA FÚTBOL - DIA

Hombres y mujeres han llegado de todas partes atraídos por la explosión. Carmen, la profesora, intenta agrupar a los niños en un solo sitio mientras desde el camino, Don Alberto, Ernesto y otros dos campesinos tratan de tirar un lazo para jalar el cerdo.

DON ALBERTO
Jalemos despacio a ver si podemos sacarlo entero...

CARMEN
Vamos niños córranse para atrás que puede haber más minas enterradas.

Empiezan a jalar el cerdo. Cada jalón hace que los hombres se miren temerosos. Un rastro de sangre va quedando sobre la grama.

ERNESTO
Gracias a Dios le estalló al cerdo y no a uno de los niños, ¿Se imagina Don Alberto?

DON ALBERTO
A mi es primera vez que me toca ver estallar una cosa de estas por aquí... Que susto tan berraco...

Instantes después el animal llega hasta el borde del camino. Todos están sudorosos. Miriam y Carmen no quieren que sus alumnos vean el animal, los niños y los otros campesinos se acercan.

DON ALBERTO
(mirando con desconsuelo al animal)
El cerdito quedó que ni para un sancocho... Y bien grande y bonito que estaba. Me va tocar llevármelo así para la finca...

Manuel mira el animal ya muerto y ensangrentado, que todavía tiembla.

12 **temeroso** ängstlich, besorgt - 14 **estallar** explodieren - 18 **berraco** *Col coloq* laut, großartig, unglaublich - 24 **el sancocho** der Eintopf - 26 **ensangrentado** blutbeschmiert

CARMEN
Hay que poner una señal bien visible aquí para alertar a la comunidad, que a nadie se le ocurra meterse a este campo.

El grupo de campesinos comienza a recoger piedras del camino. Manuel no despega los ojos del balón que ha quedado, no muy lejos del cráter hecho por la mina, descansando sobre el césped, como un tesoro perdido.

ERNESTO
No se preocupe Manuel, que apenas tenga le compro otro.

Manuel, al lado de su mamá y los otros niños, lo mira incrédulo.

ERNESTO
Se lo prometo... ¿Me oyó?

Manuel, con los ojos encharcados asiente con la cabeza.

31. INT. COCINA CASA MANUEL – NOCHE

Sentado en la mesa del comedor Manuel le da de comer a su hermano, que se resiste a abrir la boca. Manuel intenta meterle la cuchara, pero el niño la aparta con la mano. Miriam se mueve impaciente y nerviosa en la cocina. Mete algunos enlatados en una bolsa.

MANUEL
(impaciente)
¡Coma rápido! ¡No ve que tengo que hacer las tareas!

Alexander no quiere soltar la cuchara. Mueve la cabeza de un lado para otro.

MANUEL
(En voz baja)
Sino comes, le voy a decir a mamá... Se va a enojar...

Alexander tira la comida de la cuchara, se pone a llorar.

10 **incrédulo** ungläubig - 13 **los ojos encharcados** mit Tränen in den Augen - 18 **el enlatado** die Konserve

MIRIAM
¿Qué pasa?

MANUEL
Nada, que no quiere comer... Él siempre es así, no le gusta nada...

MIRIAM
Mejor vaya al gallinero y me trae unos huevos para mañana... ¡Rápido, muévase!

32. EXT. CASA MANUEL -NOCHE

Manuel, con mucho desgano, sale de la casa. Su papá conversa en la entrada con Don Alberto y Julián.

ERNESTO
Usted como presidente debería citar urgente una reunión de la Acción Comunal Don Alberto.

DON ALBERTO
La comunidad tiene mucha zozobra...

Manuel llega al corral y espantando algunas gallinas comienza a recoger los huevos. Mientras sigue escuchando la conversación a lo lejos.

ERNESTO
(off)
¿Y porqué será que minaron la cancha?

DON ALBERTO
(off)
Usted se acuerda que ahí en un tiempo aterrizaban los helicópteros, yo digo que debe ser por eso.

Manuel, con los huevos en la mano, cierra el corral y se dirige de nuevo a la casa. De lejos ve a Julián y ambos se miran fugazmente. Va a entrar a la casa.

ERNESTO
¡Manuel! Venga, hágame el favor...

24 **aterrizar** landen - 27 **fugazmente** flüchtig

Manuel se detiene, da media vuelta y se acerca con cierta timidez.

ERNESTO
Julián, que les quede bien claro a usted y a Manuel, que no pueden volver a esa cancha. ¿Entendido?

DON ALBERTO
Escucha Julián, después de lo que pasó, ustedes no tienen nada que ir a hacer por allá... (MIRANDO A MANUEL) así que cuidaíto obedecen...

Manuel mira a su padre con desconsuelo.

MANUEL
¿Y el balón?

ERNESTO
El balón no importa, agradezcan que no les estalló la mina a uno de ustedes, el cuento ahora sería otro.

MANUEL
¿Y si alguien se lleva el balón?

ERNESTO
¿Manuel usted es que no entiende? ¿Por qué es tan terco? Ya le dije que apenas tenga le compro otro, pero eso sí por nada del mundo vuelvan a esa cancha... (A JULIAN)¿Lo prometen?

Tristes, Manuel y Julián se miran.

33. INT. CUARTO CASA MANUEL – NOCHE

Manuel, en su cama, saca los guantes de fútbol y se los pone con cierto desconsuelo. Enciende un pequeño radio que pone al lado de su almohada.

Mientras escucha un partido de fútbol, el niño, con los guantes, juega a atajar el balón en cada uno de los afiches mientras oye al narrador.

7 **cuidaíto** vorsichtig – 8 **obedecer** gehorchen – 27 **atajar** *AmS* fangen (den Ball) – 27 **el afiche** das Plakat, das Poster

34. INT. CUARTO CASA MANUEL - DIA

Miriam entra al cuarto sin hacer ruido, despierta a Manuel moviéndolo un poco.

MIRIAM
(en voz baja)
Manuel, vístase que nos vamos.

MANUEL
¿Vamos? ¿Para dónde?

MIRIAM
¡Ssssh! Obedezca. Y rápido antes que venga su papá del ordeño.

MANUEL
¿Me puedo bañar?

MIRIAM
¡No! Nos tenemos que ir ya.

Manuel se levanta y a oscuras comienza a vestirse, sentado en la cama se pone las botas, mientras su madre coge su morral y comienza a llenarlo de ropa.

35. EXT. CAMINO CASA MANUEL - AMANECER

Manuel, su madre y su pequeño hermano caminan a través del campo todavía oscuro y lleno de niebla. El niño alumbra el camino con una linterna.

MANUEL
¿Y por qué nos vamos tan temprano?

MIRIAM
No empiece ahora con su preguntadera.

MANUEL
Yo tenía que ayudar a mi papá a ordeñar las vacas.

10 **el ordeño** Melken - 25 **la preguntadera** die Fragerei

MIRIAM
Su papá es más terco que una mula. Si le importan más sus vacas que se quede con ellas.

MANUEL
Yo también me quiero quedar.

MIRIAM
¡Cállese y ayúdeme con esto!

Miriam, que carga un maletín grande, le pasa unos paquetes a Manuel, que los recibe de mala gana.

36. EXT. CARRETERA VEREDAL – AMANECER

Con los primeros rayos del amanecer, los tres llegan hasta el borde de la carretera. Miriam, desesperada, espera cargando a su hijo. Manuel con su morral espera a su lado. Todo está en silencio.

MANUEL
No puedo faltar a la escuela, la profesora me va a regañar.

MIRIAM
Hoy es sábado y no tiene clase.

MANUEL
Sí, pero tengo que hacer unas tareas que me puso para la casa, por eso…

MIRIAM
(interrumpiendo)
¿Ya va a empezar?

El ruido de la chiva se acerca. Las luces delanteras aparecen en el recodo del camino rompiendo la niebla. Miriam coge el maletín grande del piso. Manuel permanece sentado en una piedra.

MIRIAM
¡Apúrese Manuel!

15 **regañar** schimpfen - 24 **la chiva** *Col* der Bus - 25 **el recodo** die Biegung, die Kurve - 28 **apurarse** *AmS* sich beeilen

La chiva llega y Miriam le entrega el maletín y los paquetes al ayudante. Este le ayuda a subir el niño. Manuel permanece sentado al lado del camino.

MIRIAM
Manuel, móntese rápido que nos vamos.

Manuel no obedece, baja la cabeza.

MIRIAM
(desesperada)
¡Manuel! ¡Hágame caso!

La Chiva comienza a acelerar. Los demás ocupantes miran al niño que no quiere obedecer.

AYUDANTE
¿Le monto el niño, mi señora?

Inmediatamente Manuel sale corriendo por el camino en dirección contraria.

MIRIAM
¡Manuel!

Miriam ve como su hijo se pierde en medio de la oscuridad y la neblina del camino.

37. EXT. CASA JULIAN – DIA

Don Alberto, con la camisa abierta y por fuera, llega hasta el frente de su casa montado en su caballo. Apenas sí se puede sostener de la borrachera. Se baja del animal como puede.

DON ALBERTO
¡¡Julián!!

Nadie abre la puerta de la casa. Don Alberto, con los pantalones caídos, amarra el animal como puede a un palo.

23 **la borrachera** die Trunkenheit

DON ALBERTO
¡Edilma! ¡Venga!

Manuel, desde el frente, y escondido detrás de un arbusto, ve como Don Alberto se cae al suelo mientras el caballo se mueve de aquí para allá nervioso.

DON ALBERTO
¡Julián!

Julián por fin aparece en el umbral de la puerta. Ve a su padre que intenta levantarse. No quiere acercarse.

JULIAN
Mamá, la necesitan en la puerta.

DON ALBERTO
Cual mamá, lo estoy llamando a usted... no se haga el güevón, ¡coja el caballo!

Julián se acerca muy despacio. Con cierto temor coge el caballo de los estribos. Su padre se levanta y le pega a su hijo con el zurriago en la espalda dos veces.

DON ALBERTO
¿Le dije o no que me llevara una plata a la tienda?... ¿Ah?... ¿Por qué es que nunca obedece?

Julián se aleja. Edilma, una mujer de unos 32 años, sale y viene a ayudar a su esposo.

DON ALBERTO
(A Julián)
¡Vaya y bañe el caballo! ¡Rápido!

Una vez entran a Don Alberto, Manuel sale del arbusto. Julián lo ve pero se hace el bobo. Apenas puede detener el llanto, permanece de espaldas mientras comienza a quitar la silla de montar. Al fondo se escuchan gritos y cosas que caen al piso de su casa. Manuel, con el morral colgado, se acerca.

13 **el güevón (huevón)** *AmS coloq* Blödmann - 16 **el zurriago** die Peitsche - 19 **la plata** *aquí: AmS coloq* das Moos, der Zaster, das Geld - 27 **hacerse el bobo** den Dummen spielen

JULIAN
¿A qué vino?

MANUEL
¿Es qué no puedo venir o qué?

JULIAN
¡Váyase!

Manuel lo mira por unos instantes sin saber qué hacer.

MANUEL
¿Le dolió mucho?

JULIAN
A usted qué le importa...

Julián se seca las lágrimas con el puño del buzo.

MANUEL
¿Lo acompaño al río?

Julián continúa quitándole los aparejos al caballo, sin mirarlo, ni contestarle nada.

38. EXT. CAMINO RÍO – DIA

Julián y Manuel vienen caminando arrastrando un caballo mientras conversan.

JULIAN
¿Para qué se vino con los guantes de arquero...? ¿Para qué guantes sin balón?

Manuel mira los zapatos guayos de Julián, en la orilla.

MANUEL
¿Sí? ¿Y usted porqué se vino con los guayos de su hermano?

Julián lo mira por unos instantes.

12 **el puño del buzo** das Bündchen des Pullovers

JULIAN
No ve pues que a las botas les está entrando agua.

MANUEL
¿Agua? Sí, seguro...

39. EXT. QUEBRADA VEREDAL – DIA

Julián tira agua sobre el lomo negro del caballo que reluce al sol. Manuel, sentado en una piedra a unos metros, tiene puestos los guantes de arquero.

Julián comienza a echarle un poco de jabón al caballo y a pasarle un cepillo por las patas empantanadas.

JULIAN
Mi hermano como es de teso, él sí sería capaz de rescatar el balón, no ve que allá les enseñan a manejar las minas.

MANUEL
¿En serio? ¿Y él no puede venir a rescatarnos el balón...?

JULIAN
No, él está muy lejos... Sino yo le diría y él de una nos ayudaría. Johan si sabe como desenterrarlas sin que estallen.

MANUEL
(en voz baja)
¿Y por qué se fue Johan? ¿Estaba aburrido...?

JULIAN
No es que él ya estaba grande, ya tenía como 15 años, le tocaba irse.

MANUEL
¿Y su mamá lo dejó ir?

10 **empantanadas** verschlammt - 12 **ser de teso** sehr geschickt sein (idR auf einem best. Gebiet) - 12 **rescatar** retten, freibekommen - 17 **de una** enseguida

JULIAN
El se fue una mañana dizque para un viaje a la costa, me dijo que iba a conocer el mar (*JULIAN PONE LAS MANOS COMO SIMULANDO UN FUSIL Y COMIENZA A DISPARAR*) un mar de plomo tal vez!

Ambos ríen.

MANUEL
¿Y a usted le gustaría irse también, pa´llá pa´la costa?

Julián se detiene, piensa por unos instantes.

JULIAN
No sé... de pronto toca. Si mi hermano está allá, yo también...... ¿Para dónde más?

Manuel lo mira por unos instantes.

40. EXT. CAMINO CASA ABANDONADA – DIA

Manuel y Julián vienen caminando, arrastrando el caballo.

JULIAN
(serio)
Lo mejor es que se vaya para la casa...

MANUEL
¿Y si me pegan?

JULIAN
Todavía está temprano, entre al escondido y se acuesta en la cama. *(EN VOZ BAJA)* Hágase el dormido... así no le dicen nada.

MANUEL
¿Y qué le digo a mi papá después?

JULIAN
Nada, acaso fue culpa suya...

4 **un mar de plomo** *aquí:* ein Meer aus Patronenhülen - 22 **al escondido** heimlich, unbemerkt

MANUEL
Mejor espero otro ratico.

Julián le hace señas a su amigo para que lo siga. Amarra el caballo en una cerca y entran a una casa de tapia abandonada, sin techo.

41. EXT. CASA ABANDONADA – DIA

Julián de una bolsa entre el pantalón, saca otra bolsita negra.

MANUEL
¿De dónde sacó eso, Julián?

Julián saca una colección de balas de distinto calibre.

JULIAN
Mi hermano me las mandó de regalo.

Sobre el rectángulo de una ventana sin marco, el niño va poniendo una a una las balas.

JULIAN
Adivine... ¿esta, de qué es?

Manuel está maravillado.

MANUEL
¿De una pistola?

JULIAN
¡Pistola! ¡No mijo!... De un fúsil R-15.

MANUEL
¿R-15? Que va, usted no sabe nada de eso...

JULIAN
¿Se acuerda las vainas metálicas que se encontró Poca Luz la otra vez en la cancha?

Manuel asiente con la cabeza

4 **la tapia** der Lehm - 20 **mijo** mi hijo *aquí:* mein Kumpel - 24 **la vaina** die Munitionskapsel

JULIAN
Son de las mismas pero estas tienen proyectil...*(TOCANDO CON LOS DEDOS LA PUNTA)*... mire... están sin usar.

Julián busca de nuevo en la bolsa. Saca otra munición y la pone al lado.

JULIAN
¿Y ésta?

MANUEL
Uhmmm...

JULIAN
Es del fusil que carga Johan... Un AK 47.

Julián busca de nuevo. Y sigue poniendo más munición en fila.

JULIAN
Esta de un Galil, esta otra de un M-16 y ésta...

Julián saca la más grande de todas.

JULIAN
De una ametralladora M-60, con esta tumban los helicópteros.

Manuel la va a coger con las manos, pero Julián no lo deja.

JULIAN
¿Usted ha oído los helicópteros en la noche?

Un campesino se acerca. Julián coge rápidamente las municiones y las mete en la bolsa. Ambos salen de la casa abandonada.

MANUEL
¿Me las va a prestar, para yo verlas en la casa?

JULIAN
No, para que me las bote...

Manuel se le para en frente para que lo mire y no siga caminando.

17 **la ametralladora** das Maschinengewehr - 17 **tumbar** *aquí:* abschießen - 26 **botar** zurückprallen *aquí:* zur Explosion bringen

MANUEL
¿Julián, venga, vamos a coger el balón?

JULIAN
No ve que nos prohibieron ir a la cancha.

MANUEL
Eso no pasa nada, no le contamos a nadie. ¿Quién se va a dar cuenta?

JULIAN
Mi papá como es de bravo, apenas sepa me pega y me castiga...

MANUEL
Si me ayuda, le presto el balón en la semana dos días enteros para que juegue con él... y usted me presta su colección de balas. ¿Sí?

Julián se queda pensativo.

42. EXT. CASA TOBIAS – PALO DE MANGOS – DIA

El cielo se ha nublado y se escuchan algunos truenos. Adelante, Manuel le hace señas a su amigo para que se acerque. Julián carga una vara larga de las que se usan para coger los frutos altos de los árboles, intentan bajar unos mangos.

JULIAN
Que no vaya a salir Don Tobías, con esa escopeta vieja, como la otra vez...

Mangos grandes y maduros empiezan a caer al suelo.

MANUEL
Estos sí están maduritos, vea...

Manuel los recoge y estirando su camiseta adelante los echa uno a uno. De pronto un perro viejo y flaco viene por el camino. Con algún esfuerzo corre hacia ellos ladrando.

9 **es de bravo** *aquí:* ihm sitzt die recht Hand locker – 14 **Palo de Mangos** Wiese mit Mangobäumen – 16 **el trueno** der Donner – 18 **la vara** *aquí:* der Obstpflückstab – 21 **la escopeta** die Flinte

MANUEL
¡SSSShiito, maldita chanda!

Don Tobías sale alertado por el perro. Mira hacia el camino.

DON TOBIAS
(off)
¡Malditos ladrones, no me van a dejar en paz!

El perrito sale trotando detrás de los niños que corren por el camino.

43. EXT. CAMINO – DIA

Manuel y Julián, vienen comiendo mangos. Muy cerca, el perro todavía los sigue.

JULIAN
¡No! Se nos vino esta chanda detrás como es de pegajosa.

Manuel coge un palo y lo tira.

MANUEL
¡Vamos Rayo! ¡Vaya por él!

JULIAN
¿Rayo? ¿Y vos cómo sabe que se llama así?

MANUEL
Es que a este perrito yo lo he visto mucho por aquí... ¿Usted no lo conocía?

Julián y Manuel ven a Poca Luz que monta en su bicicleta, corren a perseguirlo.

MANUEL
¡Poca Luz! ¡Poca Luz!

Poca Luz mira a los dos niños a través de sus gruesas gafas. Lleva un conejito adelante, en la canasta de su bicicleta. El niño espera a que los otros se acerquen para reconocerlos.

2 **la chanda** die Krätze *aquí:* Schimpfwort für Hund – 12 **pegajoso** anhänglich

JULIAN
¿Me va a dar una vuelta?

POCA LUZ
No mijo, por culpa suya no tenemos balón pa'jugar y ahora quiere que le preste la bicicleta...

MANUEL
¿Y pa'dónde va?

POCA LUZ
Me tocó traerle este encarguito a Doña Esther. Pero no estaba.

Manuel coge el conejito de la canasta y lo acaricia tiernamente entre sus manos.

Poca Luz se detiene. Mira por el camino a una persona que se acerca.

POCA LUZ
¿Quién es?

Manuel se adelanta un poco y mira UNA MUJER delgada, vestida de luto con falda y de pañoleta en la cabeza, lleva una canasta de mimbre. UN NIÑO, de unos 11 años, camina a su lado.

POCA LUZ
Mire bien... ¿No es Doña Esther?

Manuel mira por el camino de nuevo a la mujer. Poco a poco la mujer se va acercando.

MUJER
Buenas niños, ¿cómo les va?

NIÑOS
Buenas, Doña.

Los tres niños los ven pasar. La mujer tiene un aire triste y lleva una camándula de madera en las manos.

4 **pa'jugar** *coloq* para jugar - 17 **la canasta de mimbre** der Weidenkorb - 28 **la camándula de madera** der Rosenkranz (zum Beten) aus Holz

JULIAN
No, no era, le va a tocar volver...

POCA LUZ
Manuel, ¿qué le dijeron en su casa por lo del balón?

MANUEL
Nada, que no fuera a meterme a la cancha, que era muy peligroso...

POCA LUZ
¿Entonces lo va a dejar allá? ¿Y con qué vamos a jugar?

MANUEL
Venga... ¿lo cogemos entre los tres? Julián ya dijo que sí, a cambio le presto el balón a usted también...

POCA LUZ
Yo no sé, a mí siempre me da miedo... Esa mina como explotó de maluco...

JULIAN
Fresco, ahí hemos jugado siempre y no ha pasado nada, la mina que pusieron ya estalló, yo no creo que haya más...

Poca Luz se queda pensativo.

MANUEL
Usted no tiene balón... ¿Cierto, Poca Luz?

POCA LUZ
(resignado)
Mi papá me dijo que me iba a comprar uno, pero como ellos dicen que me hace daño el ejercicio...

MANUEL
¿Entonces? ¿Vamos?

Poca Luz no parece muy convencido.

15 **maluco** *AmS coloq* schrecklich – 17 **fresco** *aquí:* frisch voran, keine Scheu

44. EXT. CANCHA DE FÚTBOL – DIA

Manuel, Julián y Poca Luz llegan corriendo. Rayo, el perrito todavía los sigue. A la entrada de la cancha hay un montículo de piedras en forma de pirámide, con un palo y un trapo rojo que ondea en la punta como señal de advertencia. Julián carga todavía la vara de bambú para coger frutos de los árboles.

MANUEL
No mijo... no le dije que trajera otra mucho más larga...

POCA LUZ
Esa está muy chiquita.

JULIAN
¿Chiquita? Oigan a estos...

Julián coge la vara desde el borde del camino y efectivamente le queda faltando unos metros para alcanzar el balón.

POCA LUZ
¿Sí, ve? ¿Qué le dije...?

MANUEL
Poca Luz, vaya montado en la bicicleta.

POCA LUZ
Oigan a este... Dejá de ser aprovechado.

JULIAN
Hagamos una rifa, y el que pierda va por el balón.

Julián se agacha coge una pajita del piso. Se voltea y segundos después muestra la misma pajita partida en tres.

JULIAN
El que saque la más corta pierde.

Poca Luz y Manuel se miran.

3 **el montículo de piedras** der Steinhaufen - 4 **ondear** moverse en el aire - 22 **la rifa** die Auslosung - 23 **voltearse** herumdrehen

JULIAN
Empiece usted Poca Luz que es el más chiquito.

Poca Luz coge una. Julián se acerca para que Manuel coja la otra. Miden las tres. Poca Luz tiene la más corta de las pajitas.

JULIAN
Perdió Poca Luz, le toca ir...

POCA LUZ
Que tan raro que yo siempre es el que pierde. Eso es que ustedes siempre me hacen trampa.

MANUEL
Nada, le tocó...

POCA LUZ
Pues no voy...

JULIAN
Si no va, lo sacamos del campeonato y no lo volvemos a dejar jugar...

Julián le entrega la vara a Poca Luz que la coge de mala gana. Mira sus pies. No se decide a dar el primer paso. Los otros niños lo miran entre alegres y expectantes.

MANUEL
Dele pues...

JULIAN
Ya le va a dar miedo... mueva los piecitos rápido.

Poca Luz mira el balón. Un grillo grande y verde camina sobre él mientras mueve nerviosamente sus antenas. El niño levanta el pie y empieza a bajarlo lentamente, primero rozando la grama luego un poco más hasta que por fin lo asienta en la tierra.

MANUEL
Rápido Poca Luz, que mi mamá me está esperando en la casa.

Poca Luz alza su otra pierna. Piensa por unos instantes. Mira a sus amigos. Lentamente comienza a bajarla. Antes de tocar la grama, cierra los ojos, comienza a sudar.

JULIAN
Ya casi, ya casi... dele Poca Luz.

Poca Luz contiene la respiración, asienta el otro pie. Con la caña intenta alcanzar el balón, pero todavía está muy lejos.

JULIAN
¡Eso...! ¡Otro paso, otro paso!

Poca Luz alza de nuevo la otra pierna. Lentamente comienza a bajarla. Un trueno suena en el preciso instante que empieza a tocar la tierra. Poca Luz casi se desmaya.

DOÑA MARTA
¿Niños que hacen ahí?

Una MUJER, blanca y robusta, cargando un niño y una enorme canasta los mira.

JULIAN
Nada Doña Marta, es que...

DOÑA MARTA
Salga de ahí rapidito culicagaos, ¿o es que quieren terminar como el cerdo?

El grillo continúa su recorrido por la bola. Extiende sus alas y salta para perderse en el verde de la grama.

DOÑA MARTA
¿Si me oyó?

De pronto un fuerte aguacero comienza a caer, sobre el rostro desesperado del niño las gotas caen mojándolo poco a poco.

20 **el culicagao** der Hosenscheißer

45. EXT. CASA MANUEL – NOCHE

Manuel llega a su casa por la parte de atrás en compañía de Rayo. Ve a su padre que afila uno de sus machetes en una pulidora de pedal de donde salen chispas.

Manuel, con sigilo, trata de entrar sin que lo vea.

ERNESTO
¿Qué se hizo todo el día?

El niño sorprendido, no contesta. Ernesto para de pedalear y lo mira.

ERNESTO
¡¿Conteste?!

MANUEL
Estaba en la casa de Julián.

Unas pisadas se oyen en el corredor. Ernesto ve venir a Miriam. Tiene el rostro demacrado por el llanto. Manuel no la mira a los ojos.

MIRIAM
(enojada)
¡¿Usted por qué es que no obedece?!

Miriam viene a pegarle a su hijo. Ernesto la coge del brazo y la zarandea.

ERNESTO
No le vaya a pegar al niño, que no fue culpa de él.

Manuel intenta esconderse detrás de uno de los pilares de madera del corredor.

MIRIAM
¡Suélteme Ernesto! El también es hijo mío y puedo castigarlo...

ERNESTO
¡Aquí mando yo, y aquí se hace lo que yo diga!

19 **zarandear** schütteln

Miriam intenta zafarse. Ernesto no la deja ni moverse, la coge del otro brazo, le pega en la cara. Manuel corre hacia dentro de la casa. Mientras llega a su cuarto oye como le pegan a su madre mientras llora.

ERNESTO
(off)
¿Ahora si me entiende? Y no se le vaya ocurrir dejar otra vez la casa, y menos llevarse a los niños... ¿Me oyó?

46. INT. CUARTO CASA MANUEL – NOCHE

Manuel entra al cuarto, cierra la puerta con tranca. Comienza a desvestirse rápidamente. Asustado y con la respiración agitada se arropa echándose la cobija hasta la cabeza. Se hace el dormido mientras al fondo escucha a sus padres que pelean.

47. EXT. ESCUELA "LA PRADERA" – DIA

Manuel va caminando. Rayo, el perrito, lo viene siguiendo. El niño coge un palo y lo tira.

MANUEL
¡Vaya por él, Rayo!

Rayo sale detrás de él, pero a mitad de camino pierde interés y se devuelve. Manuel coge de nuevo el palo. Acaricia el perro y se lo pasa por el hocico.

MANUEL
¡Vamos Rayo, cógelo, cógelo...!

El niño vuelve y lo tira. Rayo sale por él, lo mordisquea, pero no lo trae de vuelta.

Julián aparece por el camino, en dirección contraria.

10 **la tranca** der Riegel - 12 **la cobija** die Bettdecke - 21 **el hocico** die Hundeschnauze - 24 **mordisquear** nagen, zerbeißen

JULIAN
No hay clase.

MANUEL
¿Seguro?

JULIAN
La profesora tuvo que viajar por unas cosas a Medellín...

MANUEL
¿Y hasta cuándo no hay clase?

JULIAN
Luisa dijo que volviéramos el lunes a ver...

Ambos se devuelven por el camino.

JULIAN
¿Vamos a coger moritas allí donde Don José?

MANUEL
Julián, mejor aprovechemos que no hay clase y vamos por Poca Luz.

JULIAN
¿Para?

MANUEL
¿Cómo que para?... Pues para coger el balón. En la casa creen que estamos en clase, ¿vamos?

Julián piensa por unos segundos.

JULIAN
Hummm... bueno... vamos...

Manuel y Julián salen corriendo falda abajo.

13 **la morita** die Brombeere

48. INT. TRAPICHE CASA POCA LUZ – DIA

En una construcción de ladrillo y madera, con techo de teja, el PAPA DE POCA LUZ, un hombre de unos 40 años, muy blanco, habla con tres campesinos. Manuel y Julián buscan a Poca Luz, mirando entre las tablas a modo de pared.

PAPA POCA LUZ
Trabajito no hay hoy tampoco muchachos, hace ya ocho días que no llega el carro y yo no voy a perder la panelita.

CAMPESINO
Lo mismo nos dijo el lunes.

PAPA POCA LUZ
No les miento... Miren como está esto de vacío. No hemos podido empezar con la molienda. La cosa está así de difícil señores... No sé qué vamos a hacer.

A la entrada, Poca Luz roba pedazos de caña dulce. Sus dos amigos le hacen señas desde el fondo. Los tres corren hacia una casa de madera y muchos colores al lado del trapiche, donde vemos a la MAMA DE POCA LUZ (30), ensillando una bestia.

Sin que los vean van hasta la parte de atrás de la casa, donde hay un solar. Les ofrece pedazos de caña.

POCA LUZ
Cojan de a uno no más...

Poca Luz abre la mano. Manuel coge uno, Julián coge dos.

POCA LUZ
¡Ah! ¡No Julián! Es de a uno... ¿sí, ve?

JULIAN
Yo cogí de a uno, lo que pasa es que usted no ve bien.

POCA LUZ
¿Quieren que les muestre algo?

8 **la panelita** Rohrzucker - 13 **la molienda** die Mühle - 18 **ensillar** satteln - 18 **la bestia** *aquí:* das Tier

Poca Luz corre hasta un extremo del solar, donde hay una jaula con unos conejos. Sus dos amigos lo siguen.

Saca un conejito blanco de las orejas, abre otra jaula y lo mete junto a otro negro. Los tres se asoman por la rejilla del cajón. Instante después el conejito negro busca al blanco y comienzan a copular. Los niños ríen.

MANUEL
(en voz baja)
Poca Luz, vinimos por usted para ir a coger el balón.

POCA LUZ
¿Ya?

Manuel asiente con la cabeza.

POCA LUZ
Tenemos que volarnos por la parte de atrás para que no me vea mi papá, sino me deja trabajar.

Los tres salen corriendo.

49. EXT. CAMINO CASA POCA LUZ - DIA

Julián, Manuel y Poca Luz, saltan uno a uno sobre una cerca de palos. Don Alberto aparece por el camino montado en su caballo, los tres niños vienen en dirección opuesta.

JULIAN
¡Ay juepucha! ¡Mi papá!

Julián se pasa por debajo de la cerca y se esconde detrás de un "siete cueros". Muy cerca al camino.

DON ALBERTO
Hola niños, y ¿ustedes qué hacen por aquí a estas horas? ¿Por qué andan de uniforme y cuadernos, no se habrán volado de clase?

MANUEL
No, Don Alberto, la profesora amaneció enferma.

22 **¡Ay juepucha!** *coloq* Mist! - 29 **amanecer enfermo** krankgemeldet sein

DON ALBERTO
¡Ah! ¡Que vaina, bendita sea, no van a acabar ustedes este año pues!

POCA LUZ
Eso es señor.

DON ALBERTO
¿Y Julián?

MANUEL
Yo no sé, señor... no lo hemos visto...

DON ALBERTO
Y ustedes, ¿para dónde van?

POCA LUZ
(mirando a Manuel)
Eeee... Es que tengo que ir por un cuaderno donde Nicolás que estoy atrasado... Manuel me va a acompañar.

DON ALBERTO
Si ven a Julián, le dicen que lo necesito rápido en la casa...

Don Alberto los mira por unos instantes y continúa su marcha. Manuel y Poca Luz lo ven alejarse. Julián sale asustado de entre el matorral.

JULIAN
Mejor otro día vamos...

MANUEL
¿Cómo así? ¿Ya no vamos a ir a la cancha por el balón?

JULIAN
Nooo... Yo mejor me devuelvo...

Los dos niños ven alejarse a Julián.

20 **el matorral** das Gebüsch

MANUEL
(gritando)
¡Julián!

Julián voltea mientras se pasa el índice por el cuello como si lo fueran a degollar. Manuel lo mira desconsolado.

50. EXT. TIENDA CAMINO VEREDA – ATARDECER

Ernesto y Manuel vienen conversando por un camino veredal.

ERNESTO
¿Se dio cuenta de que la marrana está otra vez preñada?

MANUEL
Sí señor.

ERNESTO
Esas crías las vamos a vender todas y con esa plata le compro otro balón...

Se escucha el ruido de una motocicleta que se acerca por detrás. Ernesto voltea la cabeza pero no tiene tiempo de reaccionar. Dos de los guerrilleros que fueron a preguntar por él, vestidos de campesinos, lo abordan.

ERNESTO
(A Manuel)
Adelántese, que ya lo alcanzo...

Manuel sigue caminando, oye que la moto se detiene, pero no voltea a mirar.

GUERRILLERO
(off)
¿Cómo le va Don Ernesto? Por fin lo encontramos, no se estará escondiendo, ¿cierto?

5 **degollar** erhängen - 5 **desconsolado** betrübt - 10 **la marrana** die Sau - 10 **preñada** *coloq* embarazada - 19 **abordar** ansprechen

ERNESTO
(asustado en off)
Yo estaba por mandarles una razón apenas me desocupara...

GUERRILLERO
(off)
No se le olvide que tiene que ir el domingo a la reunión como los demás.

Manuel se para en una cerca de púas, se agarra con las dos manos. Roza sus labios con el alambrado, mientras apenas escucha la conversación. Oye que le gritan a su padre al mismo tiempo que arranca la moto.

GUERRILLERO
(off)
¡Colabore! ¡Colabore por el bien suyo!

51. INT. COSTURERO CASA MANUEL – NOCHE

Manuel está en la cama de su madre. Ella teje una hermosa sobrecama hecha de muñecos pequeños de trapo. Miriam le muestra uno de los muñecos a su hijo.

MIRIAM

Me quedó parecido a usted.

MANUEL
¿Tan chiquito?

MIRIAM
¿Y es que usted se cree muy grande o qué?

Manuel mira los otros muñecos. Repara en cada uno.

MANUEL
Este se parece a Julián, (cogiendo otro muñeco) este... a... Poca Luz, este a Felipe... Ésta a... (duda por unos instantes) a María Cecilia...

3 **desocuparse** sich freimachen *aquí:* Zeit haben - 8 **la cerca de púas** der Stacheldrahtzaun - 16 **la sobrecama** die Tagesdecke - 25 **reparar** ansehen

Miriam para de tejer y lo mira por unos instantes. Manuel, con cierta timidez, asiente con la cabeza.

MANUEL
Me prestó un color amarillo, pero se fue y no se lo pude devolver.

MIRIAM
Guárdeselo, algún día se lo devolverá.

Manuel mira por la ventana y ve a su papá que conversa con Don Alberto y TRES CAMPESINOS más. El niño se acerca a la ventana, con el muñeco de Maria Cecilia en las manos.

ERNESTO
No, Don Alberto, la comunidad no debe reunirse con esa gente en la escuela, nos puede traer problemas, créame...

DON ALBERTO
Pero usted sabe, Don Ernesto, que ellos son la autoridad por aquí, hay que hacerles caso.

ERNESTO
Hay que convencerlos de que la comunidad tiene nada que ver con sus cosas.

DON ALBERTO
Mañana domingo van a asignar unas tareas... yo creo que es la oportunidad de hablar con ellos.

ERNESTO
Cómo le parece, harto trabajo que tenemos nosotros en la finca... antes necesitamos es quien nos ayude...

MIRIAM
Manuel, cierre esa ventana...

Manuel cierra las dos alas de madera. Coge una pequeña bola de lana y se la da a su pequeño hermano.

MANUEL
¡Tírala, tírala!

El niño amaga dos veces antes de tirarla. Manuel la coge como si estuviera tapando en la portería.

MANUEL
La tapé, la tapé...

52. INT. CASA MANUEL – AMANECER

Miriam está moliendo un maíz blanco para armar unas arepas. Mira a Ernesto que termina de comer la media mañana, sentado en el comedor. Impaciente, escabulle la mirada de su esposa. Se limpia la boca y coge su sombrero.

MIRIAM
Hoy es domingo.

Ernesto queda paralizado. Piensa unos segundos.

ERNESTO
(autoritario)
Ya sé, Miriam. ¡No tiene que recordármelo!

Hay un silencio profundo. Mira por fin a su esposa.

ERNESTO
Mejor voy a darles comida a los animales.

Ernesto se levanta, coge un bulto de concentrado para animales y se lo echa al hombro y se dispone a salir de la casa.

MIRIAM
(un poco desesperada)
¡Ernesto!

Ernesto se queda estático de espaldas. No voltea a mirarla. Segundos después continúa su camino y sale.

6 **la arepa** *Col* der Maisfladen, traditionelles Gericht – 7 **la mañana** *aquí:* das Frühstück – 8 **escabullir** *aquí:* ausweichen

53. EXT. ESCUELA LA PRADERA – DIA

Manuel, Julián y Poca Luz, juegan de nuevo con la pelota vieja, junto a otros dos niños.

NIÑO
¿Otra vez la pelota borracha? No, qué pereza...

JULIAN
¡Ah! Si no hay más... Entonces traiga una nueva.

Manuel ve llegar en la misma moto a los dos guerrilleros que abordaron a su papá. Algunos campesinos esperan afuera, entre ellos Don Alberto. Su caballo está amarrado afuera a uno de los postes de madera.

Al escondido Manuel, Julián y Poca Luz se hacen señas. Manuel se acerca y le dice algo al oído a Julián, y este le dice algo al oído a Poca Luz. Los tres salen corriendo.

NIÑO
¡Hey! ¿Para dónde van? Si vamos a jugar ¿o no?

54. EXT. CANCHA DE FUTBOL – DIA

Vemos las ramas de un árbol que se mueven frenéticamente. Poco después escuchamos las voces de Manuel, Julián y Poca Luz.

Manuel amarra las puntas al tronco del árbol. Poca Luz por fin se monta mientras los otros dos lo descuelgan apoyando los lazos en una rama.

JULIAN
Manuel, vaya soltando el lazo despacito que yo voy haciendo lo mismo de este lado. ¿Listo?

18 **frenéticamente** stürmisch – 21 **los lazos** die Seile

Manuel y Julián empiezan a soltar el lazo con mucho cuidado. Poca Luz, muy asustado comienza a bajar torpemente, cogiéndose con las dos manos de los lazos a lado y lado.

MANUEL
Poca Luz, usted fue que comió mucho que está tan pesado.

JULIAN
Deje de ser flojo y bájelo un poquito más...

Poca Luz poco a poco se acerca al piso de la grama.

JULIAN
¿Listo Poca Luz?

POCA LUZ
(muy asustado)
Todavía no...

MANUEL
¡Estire la mano y coja el balón!

Poca Luz mira hacia arriba con sus gruesas gafas. Luego mira el balón. Estira la mano pero todavía está lejos.

POCA LUZ
No puedo, no alcanzo.

Julián y Manuel se miran, lo bajan un poco más.

POCA LUZ
Más...

JULIAN
Se nos acabó el lazo.

Poca Luz suspendido en el aire se mece.

MANUEL
Mueva los pies para que lo pueda alcanzar.

25 **mecerse** sich wiegen, schaukeln

Poca luz empieza a mover los pies en el aire, extiende lo más que puede la mano, pero nada.

MANUEL
¡Eso Poca Luz!

Poca Luz se mueve con más fuerza. De pronto algo suena.

JULIAN
¿Qué fue eso?

Julián se da cuenta que la rama donde tienen apoyada los lazos se está quebrando. La rama cede y bruscamente el columpio se sacude. Poca Luz baja hasta casi rozar el piso y del susto se le caen las lentes al suelo.

POCA LUZ
¿Qué pasó? No veo nada... se me cayeron mis lentes.

MANUEL
¿Qué? ¿No ve nada? ¿Ni el balón?

POCA LUZ
Tengo miedo, súbanme ya que no veo nada...

Manuel y Julián se miran, comienzan a jalarlo hacia arriba y de pronto la rama cede más, dan otro tirón y la rama se rompe y Poca Luz va a dar a la grama. Por varios segundos, los tres se quedan inmóviles, como si fueran estatuas.

MANUEL
¡No se mueva Poca Luz, no se mueva!

Poca Luz tiembla, comienza a llorar. Mueve la cabeza para todos lados y ve todo borroso.

POCA LUZ
(llorando)
¿Muchachos... si estoy vivo?

9 **el columpio** *fig* die Schaukel, Schlaufe - 18 **jalar a alguien** jdn ziehen, zerren - 20 **dar a la grama** ins Gras fallen

JULIAN
Claro que está vivo, los muertos no hablan...

POCA LUZ
Y tampoco ven... como yo.

Manuel y Julián rápidamente se mueven en el árbol y pasan el lazo por otra rama gruesa.

JULIAN
Téngase duro, Poca Luz, que ya lo vamos a subir.

POCA LUZ
¡Me voy a morir!... ¡Me voy a morir!

MANUEL
¡Vamos, Poca Luz, agárrese duro!

Poca Luz, sollozando y como puede, se agarra a los lazos. Los niños arriba comienzan a jalarlo. Poca Luz empieza a subir muy lentamente hasta que los pies dejan de tocar la tierra. Vemos los lentes de Poca Luz cerca al balón.

55. EXT. CAMINO ESCUELA – DIA

Manuel viene con Rayo por el camino, le tira un palo. Rayo sale inmediatamente por él. Lo coge con la boca, pero lo suelta antes de llegar a donde está Manuel.

MANUEL
¡Eso campeón, eso es... ya casi!

Rayo le mueve la cola, mientras el niño tira de nuevo el palo. Ve desde lejos llegar a la profesora que carga varias bolsas en la mano. Sale corriendo a su encuentro.

MANUEL
Profesora, ¿le ayudo?

La profesora le pasa una de las bolsas.

PROFESORA
¿Puedes cargarlo?

Manuel recibe uno de los paquetes. Ambos caminan juntos hacia la escuela.

PROFESORA
Ir y volver a Medellín, y todo lo que me dan es una bolsa de tizas... ¡Como siempre no hay presupuesto!

Manuel menea la cabeza.

PROFESORA
Vamos a tener que hacer nuestro propio material didáctico. ¿Me ayudarás?

MANUEL
¡Sí!

PROFESORA
No hay que desanimarse por las dificultades... Todo lo contrario...

Manuel, algo encartado con el tamaño de la bolsa, camina sin poner mucha atención.

PROFESORA
¿Sabés qué? Traje también unas pinturas para que hagamos un gran mural en la escuela... Si la escuela está bonita, estoy segura que menos alumnos querrán irse...

MANUEL
La otra profesora también quería hacer un mural en la escuela...

PROFESORA
¿En serio? ...¿Y qué paso?

MANUEL
Nada... Se fue.

CARMEN
¿Por qué se fue la otra profesora?

6 **la tiza** Kreide - 7 **el presupuesto** Budget - 16 **algo encartado** beladen

MANUEL
Un día vinimos a clase y ya se había ido...

Dizque unos hombres la visitaron una noche y le dijeron unas cosas...

PROFESORA
La amenazaron...

Manuel evita la mirada de la profesora y camina en silencio.

PROFESORA
¿Vives muy lejos?

MANUEL
No mucho... por "El Plan".

PROFESORA
¿Quizás puedas venir a ayudarme en las tardes, te parece?

MANUEL
Si me dan permiso sí...

PROFESORA
Hablaré con tus padres... aprovecharemos tu vena artística...

Dos Jeeps rojos pasan a toda marcha por el lado de ellos, haciéndolos orillar. La profesora y su alumno miran los vehículos por unos instantes.

56. EXT/INT. ESCUELA "LA PRADERA" – DIA

La profesora llega a la puerta de la escuela. Saca las llaves y abre.

PROFESORA
¡¡¡Luisa!!!!

Nadie contesta.

17 **la vena artística** die künstlerische Ader – 19 **orillar** aus dem Weg gehen

PROFESORA
(Mirando a Manuel)
Entra...

Con extrañeza, Carmen ve uno de los dos salones con los pupitres desorganizados.

PROFESORA
¿Has visto a Luisa?

MANUEL
No, señora.

Carmen no puede creer todo el desorden que hay en la escuela. En el piso vemos algunos vasos desechables, restos de cigarrillos, marcas de botas. La profesora intenta organizar. Recoge una toalla blanca del suelo.

PROFESORA
(enojada)
¿Sabes si hubo algo en la escuela mientras no estuve?

MANUEL
Yo sí vi una gente aquí ayer domingo, pero yo no sé nada...

Ofuscada la profesora se mueve de un lado para el otro sin saber qué hacer. El niño se dispone a salir.

PROFESORA
Espera... no te vayas.

Carmen entra al cuarto mientras Manuel la mira desde el umbral. De una de las bolsas saca otra de papel y se la entrega a su alumno.

PROFESORA
Eran de un sobrino, pero ya no los necesita.

Manuel saca de la bolsa de papel una caja de colores.

MANUEL
¿Para mí?

4 **la extrañeza** das Erstaunen - 11 **desechables** Einweg-, Plastikbecher - 19 **ofuscado** verwirrt

PROFESORA
Para que pintes... pero no en clase, ¿eh? ¿Lo prometes?

MANUEL
Sí, gracias.

PROFESORA
Gracias por ayudarme...

MANUEL
Hasta mañana...

PROFESORA
Diles a tus compañeros que ya regresé, ¿sí?

Alegre, Manuel sale corriendo.

57. EXT. CASA ABANDONADA – DIA

Manuel abre el cuaderno de dibujos y la caja nueva de colores y empieza a pintar el paisaje. Pinta concentrado en su cuaderno. Instantes después alza la cabeza y se da cuenta que una neblina gris lo ha tapado todo.

Decepcionado mira su dibujo y lo compara con el paisaje. Piensa por un momento, luego con un color gris comienza a oscurecer el dibujo.

58. INT. CASA MANUEL – NOCHE

Manuel sentado en la mesa mira el paisaje lleno de neblina. Coge el color amarillo de María Cecilia, pero se arrepiente. Lo cambia por el lápiz negro.

Miriam está en la cocina acabando de asar unas arepas en el fogón.

MIRIAM
¿Manuel?

Manuel no contesta, sigue pintando sin parar en el cuaderno.

MIRIAM
Manuel, ¿por qué no contesta?

MANUEL
Estoy haciendo las tareas.

MIRIAM
¿Y por eso no contesta? Hágame el favor de salir y entrarme una ropa que dejé colgada afuera que estoy acalorada...

Manuel sigue concentrado en lo que hace.

MIRIAM
¿Si me oyó?

Manuel deja el cuaderno, se para, coge una linterna y en silencio va hasta la puerta y sale.

59. EXT. CASA MANUEL – NOCHE

Manuel cierra la puerta y va hasta el patio. La brisa mueve suavemente unas sábanas blancas en los alambres. Manuel deja la linterna en el piso y comienza a jalar las sábanas y a ponerlas en el hombro.

Una brisa sacude a Manuel. Detrás de un cerro sube una bengala que ilumina el cielo. Después otras dos. Inmediatamente después se escucha el sonido de helicópteros.

El niño mira hacia el cielo, pero no puede verlos. Miriam sale de la casa, grita desde la puerta.

MIRIAM
¡Manuel! ¡Éntrese!

Manuel levanta la linterna queriendo ver en la oscuridad. El ruido se hace muy fuerte y el viento sacude al niño. Ernesto ve a su hijo en medio del patio y corre hacia él.

ERNESTO
¡Manuel!

7 **estar acalorada** erhitzt sein - 18 **la bengala** die Leuchtrakete

Coge a Manuel y lo entra a la casa. Alexander comienza a llorar. Instantes después todo queda en silencio, hasta los grillos se callan.

ERNESTO
Tranquilos, ya pasaron...

Manuel de pie en medio de la cocina, está totalmente tieso. No parpadea. Sobre el piso un chorrito amarillo comienza a caer en medio de sus piernas.

60. INT. ESCUELA "LA PRADERA" – NOCHE

Carmen está tratando de arreglar su radio, al que aparece que se le acaban las pilas. Todo queda en silencio. Desde su cuarto, escucha los helicópteros que se alejan. Instantes después oye unos jeeps que merodean la escuela, luego algunas voces de hombres y ruidos extraños. También algunos pasos en los corredores externos.

Ella intenta ver corriendo la cortina de la ventana de su cuarto, pero no alcanza a observar nada.

61. EXT. ESCUELA "LA PRADERA" – DIA

Manuel y Poca Luz caminan juntos. Poca Luz tiene unas gafas negras viejas de plástico que se amarra atrás con un cordón de zapato. Apenas se le sostienen.

MANUEL
¿Y entonces qué les dijo?

POCA LUZ
Que me había metido por un potrero donde había una vaca muy brava y que por correr se me cayeron las gafas y no las pude encontrar...

MANUEL
¿Y sí le creyeron?

POCA LUZ
Me pegaron y no me van a dejar salir, dizque por descuidado.

5 **tieso** steif, straff - 6 **el chorrito** der Strahl, Schwall - 12 **merodear** *aquí:* umzingeln

MANUEL
¿Y usted sí ve con eso?

Poca Luz intenta acomodarse bien los lentes.

POCA LUZ
Pues… de cerquita no más.

Los dos llegan hasta el grupo de alumnos, que mira un muro de la escuela que da hacia la entrada. Algunos se cuchichean al oído. La profesora les grita desde lejos.

PROFESORA
Vamos… es hora de empezar la clase.

Los niños escasamente se mueven. Los separa hasta llegar a la pared donde hay un letrero de color negro recién pintado sobre el otro azul viejo ("El Pueblo con las armas. Vencer o morir"):

"Guerrillero ponte el camuflado o muere de civil"

Uno a uno los niños comienzan a entrar al salón de clase. Manuel y Poca Luz se quedan de últimos. Poca Luz intenta leer, se quita las gafas y las limpia.

MANUEL
Me va a decir que no ve esa letra tan grande?

POCA LUZ
No le dije pues que no sirven sino para leer de cerquita. ¿Qué dice?

Manuel mira el letrero mientras piensa por unos instantes.

MANUEL
Ahí dice: "Ponte el uniforme… queremos más fútbol y menos clases".

Poca Luz intenta leer el letrero. Duda.

POCA LUZ
Sí seguro… usted como es de mentiroso…

7 **cuchichear** flüstern - 11 **escasamente** apenas - 12 **el letrero** der Schriftzug

MANUEL
Ah bueno... no me crea...

Luisa viene con un trapeador en la mano, mira el letrero, algo asustada y sin saber qué decir.

PROFESORA
¿Quiénes estuvieron en la escuela mientras estuve en la ciudad?

LUISA
(asustada)
Yo no sé... Como usted no estaba... yo aproveché para ir al pueblo a hacer unas vueltecitas... yo dejé todo con llave antes de salir...

PROFESORA
¿No prestó la escuela otra vez para esas reuniones, cierto Luisa?

LUISA
No, señora...

PROFESORA
Luisa, dígame la verdad.

LUISA
(mintiendo con la mirada)
No...

62. EXT. ESCUELA "LA PRADERA" – DIA

Carmen sale del salón, seguida de los niños. Con la ayuda de ellos cuelga un letrero grande en papel sobre la pared con el graffiti que dice. "LA ESCUELA TERRITORIO DE PAZ". Carga un balde plástico con pintura blanca y una bolsa con pinceles y vinilos de colores.

PROFESORA
¡Atención niños! Vamos a pintar un hermoso mural en esta pared... ¿De acuerdo?

10 **dejar todo con llave** cerrar – 18 **mentir** lügen

Los alumnos poco a poco llegan y rodean a la profesora. Los niños miran la pared con el graffiti. La profesora coge una brocha y comienza a pintar la pared de blanco. Luisa se acerca y le dice en voz baja.

LUISA
Es mejor que no hagan eso profesora.

Usted sabe...

La profesora mira a Luisa fijo a los ojos.

PROFESORA
(a los niños)
Vamos niños, esta escuela es de ustedes, y de nadie más...

La profesora reparte unas brochas a algunos de sus alumnos que se apresuran a untarlas de pintura blanca.

PROFESORA
No vamos a dejar que dañen nuestra escuela. La escuela merece respeto... Así que manos a la obra...

Los niños se miran unos a otros, luego el graffiti. No están muy convencidos.

PROFESORA
¡Vamos niños!

Los niños, felices, comienzan a tapar el graffiti de la pared con pintura blanca. Poco a poco vemos como la pared se vuelve blanca del todo.

Una vez la pared esta blanca, empezamos a oír en off el canto de los niños mientras vemos como ellos pintan el mural, con montañas, casas, caminos con flores, animales, ríos... hasta formar un hermosa paisaje de toda la pared.

2 **la brocha** der Malerpinsel

63. INT. ESCUELA "LA PRADERA" - DIA

En el salón, los niños terminan de cantar en sus puestos la canción de la escena anterior. Don Alberto, el papá de Julián, abre la puerta del salón, está un poco ebrio. El hombre se quita el sombrero y hace una venia.

DON ALBERTO
Buenos días.

NIÑOS
¡Buenos días!

Don Alberto le hace señas a la maestra. Ella se acerca y le dice algo en voz baja. La profesora mira a los alumnos.

PROFESORA
¿Julián?

Todos miran a Julián. Éste mira a Manuel.

JULIAN
(en voz baja)
¡Nos pillaron! Me van a castigar...

PROFESORA
¿Julián?

JULIAN
¿Sí, profesora?

PROFESORA
¡Te necesitan!

Julián va hasta la puerta.

DON ALBERTO
¡Julián! ¡Coja sus cosas que nos vamos!

4 **ebrio** betrunken - 5 **la venia** die Verbeugung

Cabizbajo, Julián va hasta su puesto y comienza a recoger sus cosas. Manuel lo observa.

MANUEL
(en voz baja)
¡Julián, que le dijeron! ¿Usted contó algo o qué?...

Julián no le hace caso, continúa empacando.

MANUEL
(en voz baja)
¡Julián, conteste! ¿Por qué lo llamaron?

Julián no lo mira.

JULIAN
(susurrando)

Fresco, voy a decir una mentira... Para que no nos castiguen.

Julián termina de empacar... Todos quedan en silencio. Su padre sale, Julián lo sigue con resignación. Antes de cerrar se queda mirando por el espacio de la puerta entre abierta a Manuel. Se miran en silencio por un rato.

Su padre lo coge de la mano y queda el espacio vacío. La profesora coge la lista y busca el nombre de Julián. Lo tacha con una línea de lado a lado.

64. EXT. CAMINO ESCUELA – DIA

Don Alberto y Julián vienen montados a caballo. En dirección opuesta aparecen dos jeeps rojos, con hombres fuertemente armados. Don Alberto detiene la bestia apenas los ve.

JULIAN
¿Qué pasa?

1 **cabizbajo** mit gesengtem Kopf - 6 **empacar** juntar cosas - 24 **la bestia** *aquí:* das Tier, das Pferd

DON ALBERTO
¡Corra para la casa!

Julián no entiende. Mira los jeeps.

JULIAN
¿Solo?

Los dos camperos emprenden la marcha hacia ellos.

DON ALBERTO
¡Obedezca! ¡Corra para la casa... dígale a su mamá que empaque lo que pueda que nos vamos...!

Julián duda. Se baja del caballo. Luego corre a campo traviesa hacia la casa. A unos cien metros se da cuenta que un grupo de hombres con camiseta y pantalón camuflado se bajan de uno de los jeeps.

PARAMILITARES
(off)
¿Usted es el papá de ese hijueputa guerrillero?

DON ALBERTO
(off)
¿Algún problema con el muchacho...?

PARAMILITARES
(off)
¿Dónde está él?

DON ALBERTO
(Off)
El está donde un tío en la costa...

Sin dejar de correr Julián voltea y alcanza a ver como cogen a su papá, lo golpean y lo montan bruscamente en la parte de atrás.

6 **el campero** = el campesino - 16 **el hijueputa** = hijo de puta *desp*ect Hurensohn

65. EXT. CAMINO CASA JULIAN – DIA

Julián llega hasta una cerca de alambre. Asustado y con la respiración agitada, se agacha, toma aire y sigue corriendo esquivando algunas vacas que se le cruzan en el camino.

66. EXT. CASA JULIAN – DIA

Julián asciende poco a poco por un camino estrecho hasta llegar a la puerta de la casa. Apenas puede respirar. Se da cuenta de que hay letreros con aerosol negro en todas las paredes:

"MUERTE GUERRILLEROS HIJUEPUTAS"

La puerta está abierta. Julián duda antes de entrar.

JULIAN
¡Mamá!

Nadie responde.

67. INT. ESCUELA "LA PRADERA" – DIA

La profesora mira a Manuel que mira distraído por la ventana.

PROFESORA
¿Manuel?

Manuel se pone de pie.

MANUEL
¿Sí, profesora?

PROFESORA
¿Ya acabaste?

MANUEL
Sí, profesora.

PROFESORA
Lee por favor.

Manuel coge uno de sus cuadernos lo abre y comienza a leer.

MANUEL
Había una vez un niño llamado Justo...

(Risas)

Manuel alza la cabeza, se queda un momento en silencio.

PROFESORA
Continúa...

MANUEL
A Justo le gustaban mucho los juguetes y un día decidió que no quería crecer para estar todo el día jugando en la casa. Entonces dejó de comer. Pero Justo no paraba de crecer y crecer hasta que un día fue a salir por la ventana y no cupo...

Manuel duda por unos instantes.

..., entonces se fue a la puerta pero tampoco pudo salir. Entonces Justo creció y creció hasta que alcanzó el techo y luego las nubes y hasta que llegó al cielo y a pesar de los ruegos Justo creció hasta que alcanzó a las estrellas. Entonces Justo se sintió muy triste...

Se escucha un cuchicheo por todo el salón.

PROFESORA
¿Ya acabaste?

Manuel no sabe que contestar.

MANUEL
Sí, profesora.

PROFESORA
¿Y qué pasó con Justo?

14 **cupo** *indef. de caber* - 18 **el ruego** die Bitte, das Gebet

Todos ríen con más ganas. Manuel no contesta.

MANUEL
Ahí acaba la historia...

PROFESORA
Está bien, siéntate....

68. EXT. CASA JULIAN – DIA

Manuel corre hacia la casa de su amigo Julián, se da cuenta que la casa está pintada por todos lados con letreros negros en aerosol.

MANUEL
¡Julián! ¡Julián!

Nadie contesta.

MANUEL
¡Julián!

La puerta está abierta y medio caída. Desde el umbral se da cuenta que la casa está toda desorganizada. Manuel recoge a la entrada uno de los zapatos guayos de Julián.

69. INT. CUARTO CASA MANUEL – NOCHE

Manuel ve en su cuarto la colcha de muñecos ya finalizada sobre su cama.

Manuel coge su morral y saca el zapato de Julián, va hasta la cama y lo mete debajo del colchón. Luego se acuesta.

Con los ojos abiertos escucha. Lentamente recorremos el cuarto hasta la ventana. Un fuerte viento la abre. Vemos el solar mientras las alas de la ventana se abren y se cierran.

Oímos de pronto la risa y la algarabía de unos niños jugando al fútbol: primero suave y luego más fuerte. Segundos después una lluvia comienza a caer cada vez más fuerte hasta que apaga la risa de los niños.

Poco a poco recorremos el cuerpo de Manuel acostado y quieto, nos damos cuenta que se ha dormido.

70. INT./EXT. ESCUELA "LA PRADERA" – DIA

La profesora acaba de tomar lista.

PROFESORA
Rodríguez Martín

MARTIN
¡Presente!

PROFESORA
Rúa Jhon Walter

JHON
¡Presente!

PROFESORA
Zapata José Félix...

Nadie contesta.

PROFESORA
¿José?...

Los niños miran el puesto vacío. Apenas quedan unos nueve alumnos. Todo queda en silencio. La profesora con una mirada de preocupación mira los alumnos que todavía quedan.

Luisa abre la puerta. Esta desesperada y al borde del llanto. Desde su puesto Manuel ve a la profesora que se acerca y las dos discuten. Luisa manotea, se cubre el rostro con las manos. Luisa se va apresuradamente. La profesora se descompone.

1 **la algarabía** das Stimmengewirr – 27 **manotear** gestikulieren

Carmen va hasta su escritorio mientras los niños se miran unos a otros. Ella se sienta, de un momento a otro comienza a llorar. Ella se tapa el rostro y se inclina encima del escritorio. Los niños comienzan a reírse.

POCA LUZ
(mirando a Manuel)
¿Qué le pasó? (RISAS) ¿La pillaron también?

Ella se endereza y trata de guardar la compostura, tiene los ojos rojos y suelta un sollozo, los niños todavía ríen.

PROFESORA
(sin mirar a los niños)
¡Recojan sus cuadernos...!

Los niños todavía inmóviles no saben qué hacer. Todavía se escuchan unas risitas.

PROFESORA
(Gritando)
¡No escucharon! ¡Váyanse todos...!

Los niños comienzan a empacar sus cosas y salen por la puerta felices. Manuel se queda solo en su puesto. La profesora se levanta y mira por la ventana a sus alumnos que se alejan por el camino. Manuel coge su morral, por estar mirando a Carmen, la maleta cae al piso.

Manuel se apresura a recoger sus cosas. Se encuentra con la flor marchita que le había metido Julián para María Cecilia. Acaba de empacar sus cosas, camina en medio de los escritorios sin dejar de mirar a la profesora.

MANUEL
Hasta mañana... profesora.

La profesora, de espaldas, no contesta. Manuel la mira por unos instantes, pone la flor marchita sobre el escritorio.

8 **guardar la compostura** die Fassung bewahren

71. INT. CUARTO PROFESORA ESCUELA "LA PRADERA" – DIA

La profesora, muy asustada, empieza a empacar sus cosas rápidamente. Mete desorganizadamente todo en su morral. Luisa llega hasta su cuarto, con un una pila de ropa recién lavada.

CARMEN
Empaque sus cosas y váyase, a usted también le toca irse.

LUISA
No fue mi culpa, ellos me obligaron a abrir la escuela...

Carmen acaba de empacar sus pocas cosas y sale. Luisa la sigue.

72. EXT. ESCUELA "LA PRADERA" – DIA

Carmen, con un pequeño morral y algunos libros en la mano, camina apresuradamente por el corredor. Mira el mural y la escuela con cierta tristeza.

Carmen le da un corto abrazo a Luisa. Mira a los cuatro alumnos que todavía permanecen en la puerta. Entre los que están Manuel y Poca Luz. La profesora acaricia la cabeza de Manuel.

CARMEN
Adiós niños...

NIÑOS
(con desgano)
Adiós profesora...

Luisa y los alumnos la ven alejarse por el camino, a toda marcha. Poca Luz se acerca a Manuel.

POCA LUZ
Me tengo que ir...

MANUEL
¿Y el balón? ¿No vamos a ir por él?

Poca Luz lo mira por unos instantes.

POCA LUZ
En la casa me están esperando.

MANUEL
¿Se van?

Poca Luz se acomoda los lentes.

POCA LUZ
Adiós Manuel.

Poca Luz da media vuelta y se aleja. Manuel emprende la marcha en dirección contraria.

73. EXT. CASA MANUEL – DIA

Ernesto mueve las vacas hasta el potrero. Un caballo se acerca. Por el camino a su finca, aparece entre la neblina un azabache desbocado. Ernesto amarra la vaca y sale corriendo detrás del caballo.

74. EXT. CAMINO CASA MANUEL – DIA

Manuel viene, cabizbajo, de la escuela. Ve pasar el caballo. Instantes después aparece su papá corriendo por el camino. Manuel sigue a su padre. Dos campesinos más que han visto pasar el caballo se encuentran con Ernesto.

ERNESTO
(con la respiración agitada)
¿Lo vio pasar?

MARIO
Ese caballo iba desbocado.

ERNESTO
¿Quién lo montaba?

13 **el azabache** der Rappe – 13 **desbocado** durchgegangen

MARIO
¡Uhm! Yo no vi a nadie...

MARIO
Yo vi como un bulto atrás...

Ernesto corre detrás del caballo. Manuel y Mario hacen lo mismo.

75. EXT. CAMINO CASA MANUEL – DIA

Intranquilo, el caballo se mueve de un lado para otro. Exhala un fuerte vaho por las fosas de las narices dilatadas. Del cuerpo caliente del animal sube un vapor espeso y blanco.

Ernesto intenta acercársele, pero el caballo se mueve de un lado para otro. Una mujer y dos campesinos llegan de una finca cercana atraídos por el ruido del caballo. Los otros dos campesinos tratan de ayudar. Se dan cuenta que hay un hombre amarrado con lazos a la silla.

ERNESTO
Ayúdeme, ayúdeme mientras lo desamarro.

Ernesto por fin lo coge del cabestro, el caballo se levanta sobre sus patas traseras. Uno de los campesinos cae.

ERNESTO
Como si lo hubiera espantado el diablo...

Otras dos personas llegan y ayudan a Ernesto y los otros campesinos.

El caballo por fin se calma. Ernesto saca el machete y corta los lazos. El muerto, un hombre de unos cincuenta años, descalzo y sin camisa cae al piso. Hay un silencio inmediato. Uno a uno todos se acercan. Manuel se agacha y ve el muerto entre las piernas de los demás.

8 **el vaho** der Dampf - 8 **las fosas** die Nüstern - 8 **dilatado** ausgedehnt, *aquí:* erweitert - 13 **amarrado** festgezurrt, festgebunden - 13 **el lazo** das Lasso - 17 **el cabestro** der Führstrick

MANUEL
¡El papá de Julián!

76. INT. CASA MANUEL – DIA

Ernesto llega a la casa apresuradamente.

ERNESTO
¡Empaque lo que pueda Miriam, que nos vamos!

MIRIAM
¿Pasó algo?

Miriam comienza a vestir a Alexander.

ERNESTO
Rápido Miriam, yo voy a ver qué hago con los animales, algo se me ocurrirá.

Miriam carga a Alexander, sale a la puerta de la casa. Mira alrededor.

MIRIAM
¡Manuel!

77. EXT. CAMINO ESCUELA – DIA

Vemos el balón de fútbol un poco más tapado por la grama y algunas florecitas amarillas que han crecido alrededor. Está mojado, un poco más desinflado y sucio, como si la tierra se lo tragara lentamente.

Manuel al otro lado de la cerca está con Rayo. Se agacha y le habla sinceramente a su perro.

MANUEL
Vamos Rayo, quiero que entre y me ayude a coger el balón

El perro se mueve alegre de un lado para el otro. Le hace oler el palo y lo tira. Este pasa cerca moviendo el balón.

MANUEL
¡Vamos Rayo!

Rayo entra a la cancha, parece que va directo al balón, pero cada dos pasos voltea a mirar al niño y volea la cola.

MANUEL
¡Vamos rayito! ¡Al balón, al balón...!

El perro da dos pasos más y de pronto se sienta en la grama. Manuel no puede creer lo que ve. Lo llama. Rayo no se mueve.

78. EXT. POTRERO CASA MANUEL – DIA

Ernesto y Mario están tratando de juntar las vacas que tiene.

ERNESTO
Mario, cuídeme bien estos animalitos, que con seguridad yo vuelvo...

Se da cuenta de que viene un grupo de hombres vestidos de camuflado y brazalete con la bandera de Colombia que bajan por el camino de la montaña. Sale corriendo hacia la casa.

79. EXT. CASA MANUEL – DIA

Ernesto llega corriendo.

ERNESTO
¡No los deje entrar, Miriam, oyó, no los deje entrar!

MIRIAM
¿Qué va a hacer?

ERNESTO
Salga y recíbalos, yo me escondo aquí pero no los deje entrar...

MIRIAM
Pero...

15 **el brazalete** die Armbinde

ERNESTO
¡Ya le dije, obedezca!

Ernesto va a esconderse en algún sitio de la casa. Llega a su cuarto. Luego a la cocina. Empieza a escuchar al fondo la conversación con su mujer.

MIRIAM
Siéntense por aquí. ¿Qué les traigo?

GUERRILLERO 1
(off)
Nada señora.

80. INT. BAÑO CASA MANUEL – DIA

Ernesto entra al baño. Corre la cortina plástica y se acurruca lo más que puede en un rincón.

MIRIAM
(off)
Ernesto no demora, él está muy interesado en hablar con ustedes.

GUERRILLERO 2
(off)
Nos pareció verlo cuando bajábamos. ¿No está adentro?

Ernesto, asustado y sudando, se para y cierra la puerta del baño. Le pasa el seguro desde adentro, y vuelve a acurrucarse en el rincón del baño, detrás de la cortina.

81. EXT. CAMPO – DIA

Por entre la hierba crecida que mueve el viento, Manuel corre jadeante. Sonidos de helicópteros llegan de todas partes. Manuel mira el cielo encapotado y gris. Busca con la mirada los aparatos que no puede ver. El niño corre desesperado sin dejar de mirar hacia arriba, pero no ve nada.

24 **jadeante** hechelnd, keuchend – 26 **encapotado** verhangen

Momentos después, jadeante, se detiene, con las manos se tapa los oídos y cierra los ojos mientras se arrodilla.

82. EXT. POTRERO CASA MANUEL - DIA

Manuel llega corriendo al Potrero y ve la vaca con "Palomo" el balde y la leche regada. Sigue corriendo para la casa.

83. INT. CASA MANUEL - DIA

Manuel llega a la casa. Ve el piso empantanado. Un taburete caído en el piso y algunos cuadros torcidos en las paredes. Manuel escucha los sollozos de Miriam detrás de la puerta del cuarto. Va a entrar pero tiene seguro.

MANUEL
Palomo regó la leche...

Miriam, al otro lado, no contesta. Manuel se sienta en el piso.

MANUEL
¿Y mi papá?

Miriam intenta aclarar la voz al otro lado.

MIRIAM
El ya viene... Vaya a ordeñar las vacas...

84. INT. BAÑO CASA MANUEL - DIA

Manuel entra al baño, baja el cierre de los pantalones y, mientras orina, ve algunos ganchos de la cortina sueltos. El piso lleno de pisadas con pantano, un pedazo de aldaba y restos de madera de la puerta.

5 **regar** verschütten - 7 **empantanado** *aquí:* verschmutzt, überschwemmt - 7 **el taburete** der Schemel, der Hocker - 22 **el pantano** der Sumpf, *aquí:* der Schlamm - 22 **un pedazo de aldaba** ein Stück vom Türgriff

85. INT. POTRERO CASA MANUEL – DIA

Triste, Manuel llega con el balde al potrero. Todo se ve frío y desolado. Camina hasta donde está Palomo y la vaca.

MANUEL
(empujando a Palomo)
¡Quítese!

Con mucho esfuerzo Manuel logra empujar a Palomo lejos de las ubres. Pone el balde debajo de la vaca y comienza a ordeñar. La vaca le esconde la leche.

MANUEL
¡Qué pasa, maldita vaca!

Manuel vuelve a exprimir las ubres, pero nada. La vaca voltea a mirarlo y comienza a moverse impacientemente de un lado a otro.

MANUEL
¿Por qué escondes la leche? Esta leche es de mi papá. Si él lo sabe, se va enojar y me va a pegar.

Unos poquitos hilos de la leche comienzan a bajar de las ubres. Casi a punto de llorar Manuel mete fuerte la cabeza en el vientre del animal. La vaca se mueve bruscamente y con una de las patas voltea el balde regando la leche.

MANUEL
¡Mira lo que hiciste! ¿Y ahora qué vamos a tomar, ah?

Manuel se queda parado ante la mirada indiferente de la vaca. La coge del cuello con rabia. El animal sacude la cabeza, y Manuel cae a un rincón del potrero sin poder contener el llanto.

Instantes después, Manuel sale del potrero. Desde la puerta ve a lo lejos el Cerro de la Virgen. Se oyen a lo lejos dos disparos.

9 **esconder la leche** keine Milch geben

86. INT. CASA MANUEL – DIA

En la casa Miriam termina de empacar las pocas pertenencias.

Miriam mete el cuadro del Corazón de Jesús en un talego y lo amarra. Su hijo la mira en silencio.

MIRIAM
Vaya y empaque lo que pueda.

MANUEL
¿Y mi papá?

MIRIAM
¡¿Si me oyó?!

87. INT. CUARTO MANUEL – NOCHE

Manuel en vez de empacar la ropa, echa primero su colección de bolas de cristal, la pita de una de sus cometas, repasa su pequeño film del niño con el balón. Mira sus guantes de arquero. Entonces al escondido se vuela por una de las ventanas que da hacia afuera de la casa.

88. EXT. CANCHA DE FUTBOL – DIA

El balón de fútbol apenas se ve entre la grama crecida. Manuel está montado en el árbol. Amarra una cuerda y la deja caer hasta la grama en el mismo sitio que calló Poca Luz. Se cuelga del lazo y enrollándolo en una de sus piernas, baja lentamente hasta la grama. Ve el balón a unos dos metros, mira a su alrededor que nadie lo esté viendo. Saca unas piedras de su bolsillo.

Tira la primera un poco más adelante. Salta en un pie encima de ella, Luego tira otra piedra y salta con el otro pie encima de ella y así sucesivamente. Manuel da los últimos dos saltos. Las manos del niño cogen el balón y lo alzan. Lo contempla por unos instantes como si tuviera un tesoro en sus manos.

3 **el talego** *Col* die Tüte – 13 **la bola de cristal** die Murmel – 19 **la cuerda** das Seil, das Tau – 26 **sucesivamente** nach und nach

El niño da media vuelta y comienza a saltar otra vez sobre las piedras. De pronto ve los lentes de Poca Luz. Piensa por unos instantes. Están a unos dos saltos. Tira una piedra y salta. Tira la última y salta. Coge los lentes y los guarda en el bolsillo de su pantalón.

89. EXT. CAMIÓN – DIA

Manuel acaba de montar las cosas en la parte de atrás de un volquete donde viajan otras familias desplazadas. Lleva su balón desinflado en las manos. Ve a su madre que cierra las puertas y mete un candado entre dos argollas grandes. Revisa que haya quedado bien cerrado.

Miriam llega con Alexander en los brazos. Mira de nuevo la casa con los letreros pintados.

AYUDANTE
¿Le ayudo con el niño?

Ella no para de mirar la casa sola y ahora abandonada.

AYUDANTE
¿Señora?

No contesta.

AYUDANTE
¿Señora?

Miriam le pasa al niño mientras sube. Los otros desplazados, con dificultad, le abren campo al lado de su hijo.

Al frente de Manuel hay una niña de unos seis años, con una muñeca de trapo en las manos. Ella rehúye la mirada.

6 **el volquete** der Kipplader, der Transporter - 9 **la argolla** der Metallring

90. INT. CAMIÓN EN MOVIMIENTO – DIA

El carro se mueve bruscamente y comienza su marcha. Todos se mecen al mismo tiempo de un lado para otro. Una brisa le cubre el rostro a la niña. Manuel cierra fuerte el puño de su mano en el nylon que amarra el costal con el Corazón de Jesús.

Las voces de dos campesinos que viajan atrás se oyen a medida que el carro avanza. Manuel no deja de mirar a la niña... se da cuenta de que también carga un cuadro del Corazón de Jesús.

Miriam, a punto de llorar, ve cómo se aleja de su casa, cada vez más pequeña en el horizonte.

Manuel fija su mirada en la carretera. Algunos grupos de familias desplazadas caminan a la orilla cargando con lo que pueden. Salen de sus casas a lado y lado. Todas tienen letreros pintados con aerosol.

Manuel no parpadea. Sube el cierre de su chaqueta hasta el cuello. La camioneta comienza a ascender con dificultad por la montaña hasta perderse en medio del campo. El ruido del carro se apaga poco a poco hasta quedar en completo silencio. A través de la neblina solo vemos el paisaje frío y desolado.

91. EXT. SUBURBIO MEDELLIN – ATARDECER

A una zona amplia con grama y pocos árboles llega el camión donde viaja Miriam con las otras familias. Uno a uno la gente comienza a descender con sus pocas pertenencias. Miriam le pasa el morral y una bolsa a su hijo. Uno de los viajantes se arrima y le ayuda con un costal.

MIRIAM
(a Manuel)
¡Camine!

Manuel camina al lado de su mamá en medio del barro sin despegarse del balón. Las otras familias forman una fila al lado de la carretera sin pavimentar.

12 **desplazado** vertrieben – 15 **parpadear** blinzeln – 23 **las pertenencias** die Habseligkeiten – 31 **sin pavimentar** unbefestigt

MIRIAM
Apúrese Manuel.

El niño se va quedando poco a poco a atrás. A un lado del camino, sobre un pequeño cerro, ve una enorme Virgen María de cemento, blanca, con los brazos abiertos, dándole la espalda a los recién llegados. Manuel se detiene y la mira fijamente, mientras su mamá y su hermano se alejan con los demás.

Miriam voltea a mirar a su hijo que ha dejado las cosas en el piso para mirar la Virgen.

MIRIAM
¡Manuel!

El niño no le hace caso.

MIRIAM
¡Manuel!

Manuel recoge las cosas y continúa la marcha sin dejar de mirar la Virgen iluminada. El grupo paulatinamente se detiene hasta formar un grupo sobre la cima de un pequeño cerro. Miriam y sus hijos llegan de últimos. Todos contemplan, con una mirada entre asombro y decepción, lo que ven.

Vemos una panorámica de la ciudad de Medellín antes del anochecer. Algunas luces comienzan a encenderse. Manuel coge las gafas de Poca Luz de su bolsillo y se las pone. Ve todo el paisaje urbano distorsionado e incomprensible.

Instantes después, poco a poco los desplazados cogen de nuevo sus cosas y continúan su camino con resignación.

Miriam, Alexander y Manuel quedan solos contemplando el extraño paisaje, un mar de edificios y casas de cemento...

MIRIAM
Agárrese fuerte...

Miriam le extiende la mano a su hijo que la agarra con fuerza.

23 **distorsionado** verdreht, verzerrt *aquí:* verschwommen - 30 **extendir la mano** die Hand ausstrecken

Los tres caminan hacia delante siguiendo a las otras familias por un camino más estrecho. Solo se escuchan los pasos y el ruido de los grillos. Entre casas de madera y plástico que apenas se pueden ver, los vemos descender por la ladera de la montaña hasta perderse en medio de la oscuridad.

Sobre el rostro de la Virgen María, iluminada, caen algunas gotas del cielo. Algunos rayos y truenos se escuchan al fondo. Las gotas van aumentando poco a poco hasta humedecer el rostro blanco.

92. INT. CUARTO CASA MANUEL – NOCHE

Vemos la colcha con los muñecos de trapo sobre la cama de Manuel. Uno a uno cada muñeco va desapareciendo: primero Maria Cecilia, luego Julián, luego Poca Luz, luego Manuel… hasta quedar el espacio blanco y vacío de la sábana.

Fundido a negro

CREDITOS
FIN

Ramón Chao

Un tren de hielo y fuego

MIÉRCOLES 17 DE NOVIEMBRE. EN LA SABANA

El alba sobre la sabana. ¿Qué hora es? En estas tierras siempre es mediodía. Los perros, sucios perros góticos, ya no tienen aliento para ladrar. La fauna ha vuelto a cambiar. Las vacas normandas se convierten en cebúes. Juan Manuel piensa que pronto los insecticidas harán desaparecer los «guere-guere», y entonces este pequeño pájaro sólo volará en la canción de José Barros:

Ha llegado un guere guere
viene buscando sus quereres
pero no le engañan.
¡Ay guere guere de la tierra mía!

El que nos sigue hasta Gamarra no es un guere-guere, sino un halcón. El *Expreso del Hielo* rodó toda la noche y ahora estamos en la llanura del río Magdalena. Nuestros conductores no paran siquiera para el desayuno, por eso atravesamos la zona de Barranca y, a las once de la mañana llegamos a Gamarra.

La estación está repleta. Nuestra llegada estaba anunciada para las seis de la mañana y me entero de que mucha gente nos espera desde el amanecer. Nos reciben con cohetes y fiesta. Motivo de alegría para nosotros si el comandante Parmenio no actuara en esta región.

Parmenio es un disidente incontrolable de una de las numerosas ramas de los grupos incontrolados que exigen la «vacuna» a los campesinos. En España, E.T.A. llama a esta extorsión «impuesto revolucionario»; aquí aún son más metafóricos. Que paguen, no hay problema. El inconveniente es que los campesinos necesitarán un antídoto contra las veintitantas otras letras del alfabeto: P.R.T., F.A.R.C., E.L.N., E.P.L., P.P,... Y otro más contra los sicarios.

Son adolescentes que por una suma de dinero convenida ejecutan a quien se les ordena, en la calle y a pleno día, sin preocuparse por la policía o el ejército, cuya sospechosa vigilancia siempre logran burlar. Como recurrir a los jueces supone al menos 4 años de procedimientos, la justicia se convirtió en privada.

1 **la sabana** die Savanne - 2 **el alba** der Tagesanbruch - 3 **los perros góticos** gotische Hunde *fig* aus einer anderen Zeit/aus der Zeit gefallen - 4 **la fauna** *lat* die Tierwelt - 4 **normando** normannisch - 5 **el cebú** der/das Zebu (afrikanisches Rind) - 6 **el guere-guere** kolombianischer Vogel der Falkenfamilie, macht besondere Laute - 13 **el Expreso del Hielo** Eigenname für den Zug, mit dem die Protagonisten fahren - 17 **repleto** muy lleno - 22 **el disidente** der Dissident, der Abtrünnige/Andersdenkende - 23 **la rama** der Ast *fig* verlängerter Arm - 24 **la E.T.A.** baskische separatistische Untergrundorganisation - 27 **P.R.T., F.A.R.C., E.L.N., E.P.L., P.P** Abkürzungen für kolumbianische Guerillagruppen - 28 **los sicarios** die Auftragskiller - 33 **el procedimiento** das Vorgehen, das Verfahren - 33 **la justicia se convirtió en privada** die Justiz wurde zur Privatsache

Una moto y una metralleta, con esto es más que suficiente para cumplir las misiones que les asignan potencias ocultas nunca identificadas.

Antes que nada, el sicario debe mostrar su sangre fría matando a una persona elegida por los jefes o a alguien encontrado al azar en la calle. La remuneración varía según la importancia del objetivo. Por un campesino se paga una miseria, 50.000 pesos máximo (8.000 pesetas), y algo más por un periodista. El presidente César Gaviria podría suponer 3.000.000 de pesos (600.000 pesetas). Nada caro tratándose de un presidente de la República, me dirán ustedes. Parece que Antonio Navarro Wolff, el jefe del M-19 (movimiento guerrillero desmovilizado y convertido al sistema parlamentario), valdría un poco más, tal vez por el hecho de que es un hombre familiarizado con el uso de las armas y que su escolta es una de las más seguras.

Hasta 1989, esta violencia tenía como única víctima a los campesinos, los indios, los marginales. A partir de ahí, atacó las filas de la burguesía y el poder político, con lo que las llamadas autodefensas comenzaron a provocar una reacción jurídica. Las milicias asesinaron 5 veces más ciudadanos de los que mató la guerrilla, pero en noviembre de 1992, el presidente Gaviria los señaló como «una solución posible» de cara a los guerrilleros.

Imposible darse una ducha en Gamarra. La reserva de agua del pueblo está seca. Cati se informa sobre la situación política de la región y le dicen que es terrible, que los enfrentamientos con el ejército son cotidianos y que en cada ocasión hay muertos a lado y lado. ¿Bajan los guerrilleros hasta la estación de tren? A veces. Pero la gente no es muy habladora por tratarse de un tema tabú y Cati prefiere no insistir.

Algunos de nosotros logran tomar un baño. Unos en la Estación y otros en la escuela. Iván, Manu, Juan Manuel y este cronista en la casa de un cacique local.

– ¡Helados! ¡Helados! – grita alguien en la esquina.

La voz sopla como el viento. Afuera pasan siluetas blancas, negros y mestizos. Pero no indios. Lo que sorprende cuando se adentra en el país, es la diferencia tan marcada de los tipos humanos, la variedad de caracteres y comportamientos. Las tres cadenas montañosas delimitan una serie de regiones aisladas que se desarrollaron por su cuenta y que guardan una fuerte tendencia

1 **la metralleta** die Maschinenpistole - 2 **potencias ocultas** dunkle Mächte - 6 **la remuneración** die Vergütung - 12 **desmovilizar** demobilisieren - 22 **de cara** gegenüber - 26 **a lado y lado** diesseits und jenseits - 32 **el cacique** *aquí:* der Ortstyrann

a vivir según sus propias normas, ignorando y rechazando a los de fuera.

El pueblo colombiano es en su mayoría mestizo y en el mestizaje encuentra una cierta cohesión, aún si éste quiere reconocerse como blanco por existir una jerarquía étnica tan fuerte como la social. Los calificativos se dan de modo amistoso: «moreno» o «negrito» a los de piel oscura; «mona» o «rubia» a la que no tiene el pelo negro, y el negro llama «blanco» a quien tenga la piel un poco menos oscura que la suya. En suma, cuando se mezcla la amistad -o el desprecio- es imposible establecer una diferencia etnológica válida.

- La burguesía colombiana soñaría con ser francesa, la aristocracia, inglesa, la clase media, *yanqui,* y el pueblo, mexicano. Y los domingos, todos se encuentran en la plaza de toros para parecer españoles -dice Juan Manuel Roca.

Extraño pueblo, Gamarra. Triangular, desperdigado, desierto. Alguien saca un tambor y se pone a tocar. Hace pensar en las pieles de vaca, en las panzas de iguana y caimán, en el vientre mortalmente hinchado de un perro. El cacique lanza cohetes que suben muy alto.

-¿Y la guerrilla, Juan Manuel?

-Se diría que nos desprecia.

-El alcalde los previno de nuestra presencia

-O de nuestra partida.

En la sombra se instalan dos gallinas: una con las alas abiertas, la otra barriendo el polvo. Tres hombres de aspecto tranquilo proyectan su sombra contra un muro en el que se adivinan algunos retoques de cal. Hablan del ganado, de los combates, de los asesinatos, de la sequía. Sobre sus cabezas un letrero de madera anuncia:

Se venden helados y la casa

Detrás del muro aparecen dos trozos de cactus en forma de muñón. El reflejo del sol golpea sobre los techos de zinc, sobre los cascos de las botellas, sobre el pico del trabajador. Una de las gallinas se estira antes de desaparecer detrás de una cerca. Pobre gente... ¿Qué harán sin helados?

Subimos al tren. La *Consentida* silba tres veces y se escucha un grito entre la gente: ¡Viva Pablito!

Nos vamos con prisa por llegar a La Gloria. Una joven camina lentamente, recostada como un jaguar al mediodía. Se adosa al

10 **el desprecio** die Miss-/Verachtung - 16 **desperdigado** zerstreut - 33 **el muñón** der Zapfen - 40 **recostar** anlehnen - 40 **adosarse** sich anlehnen

muro desperezándose de modo sensual, modelando una falda roja contra su cuerpo de mulata. Nos mira con ojos penetrantes. Su imagen desaparece en segundos como tantos sueños, tantos paisajes que dejamos atrás.

Hace un calor tórrido. Esta es una de las regiones más cálidas de Colombia. Estepas áridas y grandes cebúes. Recuerda a Africa; no nos sorprendería ver aparecer una jirafa o un elefante.

No lejos de aquí, en Puerto Triunfo, Escobar hizo instalar un parque zoológico en medio de su hacienda Ñapoles. El barón de la droga tiene tres pasiones: los automóviles, su familia y los animales. Autos y padrinos no le faltan. Para satisfacer su tercera afición trajo animales de todo el mundo: tigres, panteras, leones, elefantes, hipopótamos y rinocerontes... Los hizo encerrar en jaulas doradas, abriendo las puertas del zoo al pueblo. Escobar utiliza los excrementos de paquidermo -la mierda de los elefantes, en otras palabras- para cubrir los paquetes que transportan la droga. Parece que esto engaña el olfato de los perros policías.

Tras la confiscación del zoológico por el Estado, los animales mueren de hambre. No hay presupuesto para alimentarlos.

En La Gloria nos damos una ducha colectiva bajo la mirada curiosa de los habitantes del pueblo. En slip, bragas y sostén, provocamos la risa de los vecinos. Les sorprenden nuestros cuerpos blancuzcos o enrojecidos por el sol, también los tatuajes o la casi desnudez de las muchachas, lo que provoca jugosos comentarios en los colombianos. Pero a ninguno de nosotros le importa, la ducha era realmente necesaria.

El tren va abriéndose camino a través de un muro vegetal. Tamarindos, totumos, almendros, matarratones. Estamos en un cuadro de vegetación lujuriosa, un calco del pintor uruguayo llamado igual que este pueblo, Gamarra.

Me instalo en el estudio que Radio Caracol montó en uno de los vagones. Desfilan entonces los paisajes suntuosos, los campos de maíz, las palmeras. De pronto, los árboles se vuelven blancos, cubiertos por una manada de garzas. El tren se detiene para que escuchemos los rugidos lejanos de un mono aullador que arma gran estrépito. Sobre una piedra rugosa, una iguana se extiende

1 **desperezarse** sich räkeln - 5 **tórrido** brennend heiß - 15 **el paquidermo** der Dickhäuter - 24 **jugoso** *aquí:* lautstark - 28 **el tamarindo** der Tamarindenbaum, ein Dattelgewächs - 28 **el totumo** der Kalebassenbaum - 28 **el almendro** der Mandelbaum - 28 **los matarratones** die Robinie - 32 **desfilar** vorüberziehen - 32 **suntuoso** prächtig - 34 **la manada** *aquí:* der Schwarm - 34 **la garza** der Malaienreiher - 35 **el rugido** das Gebrüll - 35 **el mono aullador** der Brüllaffe - 36 **el estrépito** das Getöse - 36 **rugoso** rau, runzelig

al sol; los colores de su lomo pasan del verde al dorado. Un oso perezoso cuelga de una rama y unos pequeños pájaros, los garrapateros, picotean los testículos de los cebúes.

En la estación de Chiriguana no hay nada para comer y todos estamos hambrientos. Alquilamos varios taxis para una expedición alimenticia a la ciudad, a cinco kilómetros.

Raph encontró un pasajero clandestino que viajaba con nosotros desde Faca. Estaba escondido en el último vagón y dormía en el molde vacío del hielo.

– A la salida eran dos –le explicó a Cati–, pero su compañero saltó en La Dorada. Cuando lo encontré temblaba de miedo. Estaba casi desnudo, le di con qué vestirse y algo para comer, pues desde la salida sólo había comido bananos. Quedarse dos días en calzoncillos y alimentarse de bananos es algo que no le deseo ni a mi peor enemigo. Habla un español deficiente y dice tener diecisiete o dieciocho años. No lo sabe con exactitud. ¿Viste la película *El Emperador del Norte*? Es la historia de un pasajero clandestino en un tren... ¿Qué hacemos?

Cati no ha visto la película *El Emperador del Norte* pero entiende que Raph sienta amistad por el adolescente (que se llama Jairo) y le dé su protección. Raph es el decano del equipo, un hombrecillo que no habla apenas y que trabaja como un animal. Cati se olvida. Un pasajero clandestino... Era necesario tener al menos uno.

Félix, uno de los conductores del tren, lleva la *Consentida* a la supersónica velocidad de 25 kms/h. Imposible dormir, los vagones traquetean peligrosamente. Dos de los tatuados caen de sus literas. Pedimos a uno de los vigilantes de Ferrovías que paren el tren, y le suplicamos a Félix que vaya a una velocidad más lenta. El se burla: no hay ningún peligro, estamos en la llanura y la vía es buena. Nosotros preferimos llegar tarde, pero llegar vivos.

3 **el testículo** der Hoden - 6 **alimenticio** nahrhaft, Nahrungs... - 7 **el pasajero clandestino** der blinde Passagier - 12 **con qué vestirse** etw. zum Anziehen - 14 **los calzoncillos** die Unterhosen - 15 **deficiente** mangelhaft - 21 **el decano** *aquí:* der Älteste - 25 **la supersónica velocidad** die Überschallgeschwindigkeit - 26 **traquetear** rumpeln - 27 **la litera** *aquí:* die Schlafkoje

JUEVES 2 DE DICIEMBRE. SALIDA DE BOSCONIA. MUERTE DE ESCOBAR

–¿Qué tal Puce?

Son las ocho de la mañana. Los jóvenes pasaron buena parte de la noche desmontando el circo y ordenándolo todo en los vagones.

–Agotado psicológicamente –me responde–. Ayer fue un desastre. Cada cual hace lo que le da la gana, no hay disciplina ni dirección.

–¿Van a aguantar hasta Bogotá?

–No sé. En todo caso no podría ser peor.

Tal vez la aventura ya no ofrece ningún interés al equipo, desmotivado ante el esfuerzo que aún debe realizar y que cada vez es mayor por el número de deserciones. Y, además... ¿no habremos alcanzado ya la cumbre del viaje, que fue la estadía mágica en Aracataca?

Desmentido categórico. Nadie piensa en pararse a medio camino. Muchos han abandonado, sí, pero el núcleo duro de la aventura permanece: los French, Jean-Marc, Jean-Pierre, Isa, Carine, Régis, Manu ... Cati piensa como Puce. «Cuando estamos tocando fondo sólo podemos volver a subir». Una buena noticia, Bouchon mejora.

Y, además, está el tren. A pesar del calor y la falta de comodidades (de hecho, alguien hizo dos o tres agujeros en los tubos del vagón cisterna y ahora tenemos algo que se parece a una ducha; esto permite bañarse antes de subir al vagón y deslizarse en los dos mil litros de agua del depósito. Dedé ha vuelto contento: cuando el tren está en movimiento se hacen olas y uno se siente como en el útero materno. Estos muchachos...) podemos reposar y el paisaje es siempre magnífico.

También están Garrincha y Sorriso para subirnos el ánimo. Siempre alegres, sonrientes, y cada vez que la tensión baja sacan sus instrumentos y nos animan con ritmos de *capoeira*.

2 **Bosconia** eine Gemeinde in Kolumbien - 3 **Puce** ein Name - 4 **buena parte** einen Großteil - 5 **ordenar** *aquí:* einräumen, verladen - 7 **cada cual** jeder - 12 **ante el esfuerzo** angesichts der Arbeit - 13 **la deserción** = el abandono, das Verlassen - 15 **Aracataca** *Ort in Kolumbien* - 16 **el desmentido** das Dementi, das Ableugnen - 20 **tocar fondo** einen Tiefstand erreichen - 21 **Bouchon** ein Name - 23 **de hecho** eigentlich - 24 **el vagón cisterna** der Eisenbahntankwagen - 28 **reposar** ruhen - 32 **Capoeira** *brasilianische Musik, häufig bei Kampfsportvorführungen*

Salimos con tres horas de retraso, atravesando un enorme valle cubierto de hierba, vacas y palmeras. El «cavaquinho» va a toda máquina y los sinsabores de ayer están aparentemente olvidados.

Entonces nos llega la noticia de la muerte de Escobar. Sorriso y Garrincha improvisan una samba:

Vamos fazer festa
ao som do meu cavaquinho
ouvi dizer que mataram Pablo Escobar
pois então vamos constatar em Medellín

En todo caso, nuestro proyecto de ir a Medellín, etapa desaconsejada por la embajada, está definitivamente descartado.

Algunos empleados de Ferrovías lloran. En la estación de La Gloria preguntamos a los campesinos. Responden prudentes: era un ser humano, no podemos alegrarnos de su muerte. En medio del tumulto de la estación la gente, consternada, mira la televisión. Ve -de lejos, es verdad, y con imágenes confusas- el cadáver del barón sobre una camilla. Pero los habitantes de La Gloria desconfían: ¿Por qué no lo muestran de verdad?, pregunta el propietario. «Para mí, hasta que no lo vea con mis propios ojos, él seguirá estando vivo».

Escobar salió de la clandestinidad para entrar en la leyenda, y eso que los negocios no iban muy bien para el rey de la droga, ya que mientras estuvo escondido, otros traficantes multiplicaron operaciones de envergadura. El cártel de Cali, conducido por los hermanos Rodríguez Orejuela, más discreto pero más eficaz que el de Medellín, se hizo con el 70% del mercado de la cocaína, especialmente en Europa, controlada antes por Medellín en un 80%.

Escobar y los hermanos Rodríguez Orejuela ya se habían disputado el mercado de California. Los Rodríguez Orejuela se tomaron la mejor parte, lo que no les impidió planificar la muerte de su rival en marzo de 1992.

La popularidad de Escobar le venía de su origen campesino, del mito de su generosidad hacia sus paisanos y de haber luchado durante más de diez años contra gobiernos más o menos

2 **cavaquinho** *Portug* portugiesisches Zupfinstrument - 6 Portug Lasst uns feiern/ zu den Klängen meines Cavaquinho/Ich hörte, sie haben Pablo Escobar getötet/ Nun, dann lasst uns dies in Medellín feststellen. - 11 **desaconsejado** abgeraten - 11 **la embajada** die Botschaft - 11 **descartar** *aquí:* ausgeschlossen - 12 **Ferrovías** *Name einer Eisenbahngesellschaft* - 17 **la camilla** die Krankenbahre - 21 **la clandestinidad** *jerg aquí:* der Untergrund - 24 **operaciones de envergadura** *aquí:* signifikante Operationen - 30 **disputarse el mercado** sich um den Markt streiten

corruptos. Pero sobre todo había logrado que Estados Unidos fuera su principal adversario.

Terminada la Guerra Fría, la lucha contra la droga se convirtió en el pretexto norteamericano para desarrollar la militarización del continente, sin luchar, eso sí, contra el consumo en su propio territorio.

Pero la guerra de la coca puede perderse tal como se perdió la de Vietnam, o la de Somalia. Mientras sólo se destine el 5% de las sumas consagradas a la lucha contra la droga en promover los cultivos de sustitución, el campesino de los Andes cultivará la coca y apoyará a los traficantes. Mientras la elite sudamericana se mantenga en la corrupción, los nuevos patrones de los cárteles tendrán el camino libre. Todos los trompetazos que celebran la muerte de Escobar no servirán para frenar la llegada de un solo kilo de coca a Europa y Estados Unidos.

Ubicada entre la Sierra Nevada y el río Magdalena, Gamarra aguardaba la llegada del *Expreso del Hielo* desde hacía varias horas. Con retraso, como siempre, somos recibidos por dos grupos diferentes y enormes. Uno de amigos (habíamos pasado por aquí de camino a Santa Marta) y otro de mosquitos. También aquí hay gran profusión de soldados que deberán protegernos sobre el terreno y acompañarnos hasta Barrancabermeja. La muerte de Escobar impone ciertas precauciones. Los pintores no han terminado aún de pintar la estación en nuestro honor, están todavía en el revoque, pero alcanzarán a terminarla antes de que nos vayamos. Prometido.

Nueva discusión en el grupo. ¿Debemos aceptar la compañía de la soldadesca? Para unos es inadmisible pues va contra el espíritu del proyecto. Para otros la alternativa es la siguiente: o aceptar la protección militar o parar *motu propio* la gira. Discusión interminable hasta que nos damos cuenta de que Gambit perdió el tren en Bosconia. Finalmente Cati cede: algunos soldados se quedarán en el tren para evitar robos. Los otros permanecerán en el cuartel, en los límites del pueblo. Eso sí, ni hablar de que nos acompañen.

2 **el principal adversario** der Hauptkontrahent - 4 **el pretexto** die Ausrede - 9 **consagrar** *aquí:* sich dem Kampf gegen die Drogen widmen - 13 **los trompetazos** die Trompetenstöße, *aquí: metaf* laute Stimmen - 20 **los mosquitos** *coloq* Leute, die eine Kneipe frequentieren - 21 **la profusión** el exceso, la abundancia - 22 **Barrancabermeja** eine Stadt in Kolumbien - 23 **las precauciones** die Vorsichtsmaßnahmen - 25 **el revoque** der Putz/der Fassadenputz - 28 **la soldadesca** *milit* la tropa / die Truppe - 28 **inadmisible** unzumutbar - 30 **motu propio** *lat* aus eigenem Antrieb

VIERNES 3 DE DICIEMBRE. GAMARRA

Hace 24 horas que no tenemos noticias de Gambit. El jefe de la estación llamó por teléfono a Bosconia, a Chiriguana, a La Gloria, a todas las estaciones y hoteles del recorrido. Comenzamos a inquietarnos. ¿Qué hacer? ¿Pedir ayuda a la autoridad militar?

Vanguardia liberal, de Barranquilla, saca un número especial sobre la muerte de Escobar. Gran titular: «El capo a la tumba... ¿y la mafia?» Le muestro la foto al jefe de la estación. «Es Pablito», dice, «su muerte no arregla nada, al contrario. Ahora las cosas van a agravarse, ellos van a responder con violencia». Pasa el diario a sus amigos. Todos hablan de Pablito con afección y la foto no les parece muy convincente.

Intentamos llamar por teléfono a Francia para tranquilizar a las familias, pero es imposible. La única línea que hay en Gamarra está ocupada por Radio Caracol.

Gambit no regresa. Sus amigos comienzan a montar la feria. El motor de Roberto está reparado y lo instalamos. Por la noche el televisor muestra el entierro de Pablito. Los devotos le arrancan el ataúd a los cargadores, más de cinco mil personas entre la población humilde de Medellín: «Se vive, se siente/Pablito está presente», gritan todos al ritmo de «el pueblo unido/jamás será vencido». Es el canto de las víctimas de la represión pinochetista, adaptable a todas las circunstancias. Vemos hoy en lo que se ha convertido la experiencia de la Unidad Popular en Chile: la Democracia Cristiana en el poder con el hijo de la Frei en la presidencia y Pinochet manejándolo todo. El pueblo, unido o no, siempre ha sido aplastado, incluso por aquellos que pretendieron liberarlo.

Todos quieren mirar, tocar a Pablito. «Existen Dios, Jesucristo y él», se oye decir en la televisión. Lo más sorprendente es que la pantalla oficial parece contribuir a la deificación del capo de los mafiosos. Profusión de testimonios de sus protegidos que evocan su recuerdo con fervor y pasión. Nos repiten una y mil veces sus obras sociales, nos muestran las imágenes de los barrios pobres de Medellín antes y después. Hace apenas 10 años, 2.500 familias

1 **Gamarra** ein Stadtviertel (zentral) von Lima - 6 **Vanguardia liberal** Name einer Tageszeitung von Barranquilla - 7 **el capo** *aquí:* jefe de una mafia; *gemeint ist Pablo Emilio Escobar, der größte Kopf der kolumbianischen Mafia* - 10 **agravarse** sich verschlimmern - 12 **convincente** überzeugend - 16 **montar la feria** *fig aquí:* Vorbereitungen für eine Abreise tätigen - 22 **la represión pinochetista** die von Pinochet (1973 bis 1990 Diktator in Chile) verursachte Unterdrückung - 31 **la deificación** die Vergötterung

malvivían al lado de un botadero municipal en la orilla del río Aburrá, olvidados de los poderes públicos, los políticos y Dios. Compartían la basura y los olores con las ratas. La sarna, las enfermedades respiratorias y la malnutrición dejaron su marca en los cuerpos de los habitantes, pero todos se acuerdan de Pablito bajando de un Renault 18 para traerles arroz, aceite, leche. En 1983, Escobar regaló a estos pobres desgraciados mil llaves de mil casas con jardines, escuela, piscina y terrenos de deporte, todo construido sobre un terreno suyo.

Para equilibrar, la pantalla muestra las familias de las víctimas del capo. Todos de alta sociedad: viudas de militares, de jueces, de embajadores que expresan su satisfacción. ¿Se cumplió justicia para los miliones de colombianos miserables, con la muerte de Escobar?

La TV acompaña las imágenes del entierro con la marcha funebre de Sigfrido. Es difícil creer lo que ven los ojos y oyen los oídos.

Pero tal vez no sea tan inocente. ¿Y si se tratara de la sublime recuperación del mito naciente? ¿Y si las clases propietarias lograran apropiarse del ídolo de las chabolas y los barrios pobres? Ellos comprendieron bien el grito: «el pueblo, unido / jamás será vencido».

Al igual que en otras llegadas a estación, el equipo necesita 48 horas para preparar el espectáculo. Ante la sorpresa de los gamarranos, Jean-Pierre, Fred y toda la banda comienzan a manipular las vigas de acero, a descargar las toneladas de material, a hacer las conexiones eléctricas y acrobáticas. Entre tanto llega Gambit en taxi, un poco avergonzado. Cuenta una historia algo confusa en la que se adivina la presencia de una rubia helvética. Encontrar una suiza en Bosconia es algo que sólo Gambit puede hacer.

1 **el botadero** die Müllhalde - 3 **la sarna** die Krätze (Parasitenbefall der Haut) - 4 **la malnutrición** die Unterernährung - 15 **la marcha funebre de Sigfrido** Trauermarsch Siegfrieds, Bezug zu Wagners Oper *Götterdämmerung* - 18 **sublime** erhaben - 20 **las chabolas** die Wellblechhütten - 25 **los gamarranos** zum Christentum (unter Zwang) bekehrte Juden - 26 **las vigas de acero** die Stahlträger - 28 **avergonzado** verlegen - 29 **helvética** ant de Suiza

Los autores y sus obras

Carlos César Arbeláez

Carlos César Arbeláez es director de cine y autor de guiones. Nació en Medellín, en junio de 1967. Estudió en la ciudad de Medellín y es licenciado en *Comunicación* por la Universidad de Antioquia. Arbeláez estudió además en varios lugares importantes, por ejemplo en la Escuela Internacional de Cine de San Antonio de Los Baños, Cuba y en la Escuela Nacional de Experimentación y Realización Cinematográfica (ENERC) de Argentina.

Hoy en día trabaja de guionista y director de varios cortometrajes y más de doce documentales que realizó para la televisión, entre ellos *The End* (1992), *Cada quien tiene su arte* (1992), *Ellos las prefieren rubias* (1996) y *La noche de Oporto* (1998) para la serie "Muchachos a lo Bien" (ganadora del premio a la Mejor Serie Documental en el Festival de Cine de Cartagena en 1997) y *Casa de mujeres* (2000) para la serie "Medellín actas del 2000".

Su primer cortometraje, *La edad del hielo* (1999) fue finalista en la categoría de Premio Nacional de Cine de Sky Televisión en el Festival de Cine de Cartagena de 2000, su segundo, *La serenata* (2007) obtuvo una beca del Fondo para el Desarrollo Cinematográfico en Colombia. Y siguieron otros más.

Arbeláez recibió varias becas para el desarrollo de guiones, por ejemplo el premio "Ciudad de Medellín" al mejor guión inédito en 2005. En 2007 ganó una beca de guión de largometraje por su proyecto *Los ojos de la paloma*, tanto como para *Eso que llaman amor* en 2010.

Con *Los colores de la montaña* recibió el Premio Cine en Construcción en el 17º Festival de Cine de Toulouse, una beca de coproducción de Ibermedia y una beca del Fondo para el Desarrollo Cinematográfico (FDC) en Colombia. Este, su primer largometraje, fue estrenado en Colombia en marzo de 2011. La película ha obtenido -entre otros importantes premios- el Premio Kutxa-Nuevos Directores en el Festival de Cine de San Sebastián. Esto fue la primera vez que una película colombiana ha recibido este galardón.

El director presentó su trabajo en muchos festivales internacionales de todo el mundo, por lo que le otorgaron varios premios importantes como -entre otros- el Premio Goyesca y el Premio Especial del Jurado en el Festival Internacional de Cine de Ronda, el Premio del Público y el Premio OCLACC en el Festival de Cine de Cartagena 2010 (FICCI), y el Premio SIGNIS en el Festival Internacional de Cine de Freiberg (Suiza).

Ramón Chao

Ramón Chao fue un escritor español nacido en Lugo, ubicado en el norte de España, en el año 1935. Estudió Historia de la Música en Madrid y en París.

En 1955 ganó el Premio al Virtuosismo pianístico. En 1956 se exilió con su esposa en Francia, huyendo del régimen franquista. En 1960 inició una colaboración con el Servicio de Lenguas Ibéricas de la RTF, del cual se convirtió diez años más tarde en su director. Al mismo tiempo colaboró con el semanario español *Triunfo*, la revista mensual *Le Monde Diplomatique*, y con los diarios *Le Monde* y *La Voz de Galicia*.

En 1960, Chao creó el Premio Juan Rulfo, un prestigioso galardón otorgado a relatos cortos en lengua española.

El propio Chao fue galardonado con importantes premios, entre los cuales se cuenta el Premio Galicia de la Comunicación en 1997. Fue nombrado Caballero de la Orden de las Artes y las Letras en 1991 y Oficial en 2004. En 2003, el Gobierno español le concedió la Orden al Mérito Civil.

Ramón Chao vivió en París hasta su muerte en 2018.

Es el padre del periodista radiofónico Antoine Chao y del músico y cantante Manu Chao, ambos miembros del grupo Mano Negra, cuya aventura colombiana se describe en el libro *Un tren de hielo y fuego - Mano Negra en Colombia*.

Escribió, entre otras, las siguiente obras:

Guía secreta de Paris (1975)
El lago de Como (1983
Juan Carlos Onetti (1990)
Las travesias de Luis Gontán (2006)
Los milagros de Cuba (2007)
Memorias de un invasor (2008)

Abreviaturas y símbolos

AmS = expresión típica del español de América del Sur
aquí: = señala un significado específico de la palabra en el contexto
Col = expresión típica del español colombiano
coloq = coloquial
fam = familiar
fig = lenguaje figurativo
jerg = jerga, lenguaje específico de un grupo
juv = lenguaje juvenil
lat = expresión proveniente del latín
metaf = lenguaje metafórico
Mex = expresión típica del español mexicano
milit = expresión del ambiente militar
Portug = expresión portuguesa
vulg = expresión vulgar